# Dealing with Bullying
# in Schools
A Training Manual for Teachers, Parents and Other Professionals

# 無霸凌校園

給學校、教師和
家長的
指導手冊

Mona O' Moore
Stephen James Minton◎著
李乙明◎審定
李淑貞◎譯

五南圖書出版公司 印行

# DEALING WITH BULLYING
# IN SCHOOLS

## A Training Manual for Teachers, Parents and Other Professionals

Mona O' Moore and Stephen James Minton

English language edition published by Sage Publications of London, Thousand Oaks and New Delhi, © Mona O'Moore & Stephen James Minton, 2004
Complex Chinese translation rights © 2007 by Wu-Nan Book Inc.

# 致　謝

　　本書作者要感謝我們在Anti-Bullying Research and Resource Centre、Trinity College Dublin的同事Lian McGuire、Murray Smith、Dennis Blair、Karen Cahill、Anne Frey、Stephanie Loughman和Jean Lynch持續的支持和優秀的工作表現。

　　Mona O'Moore要特別感謝Calouste Gulbenkian 基金會。在他們慷慨的贊助，以及the Department of Education and Science (Ireland)與 the Arts and Social Science Benefaction Fund (Trinity College Dublin)的支持之下，我們才能夠在愛爾蘭進行全國性的霸凌行為研究，以及在東尼戈省進行一項全國性的反霸凌計畫。這兩項研究都指出一個需求，那就是我們需要這麼一本實用而內容廣泛的指導手冊。這本書雖然內容廣泛，卻不失其深度，這要感謝許多人，包括成人和孩子，是他們展現了勇氣和信任，讓我以及Trinity College 的Anti-Bullying Research 和 Resource Centre的成員，分享他們受害與霸凌的經驗，才能得到這個成果。我還必須感謝我的丈夫Rory，和我的兒子們Garret、Olaf和Runar，透過和他們討論他們自己的觀察和經驗，使我更清楚地瞭解學校和工作場所

本書作者還要感謝the Irish Research Council for the Humanities and Social Sciences（IRCHSS），謝謝他們承擔在愛爾蘭進行的一項全國性的學校反霸凌計畫。因為有他們的大力支持，我們才能夠寫出這本書，也希望此書對於全世界急需減少霸凌問題的學校社區能夠有所貢獻。

Stephen James Minton 要感謝家人這些年來的幫助和支持：我的妻子Patricia Minton、我的母親Rosemary Elizabeth Fox；以及不斷提供我靈感和喜悅的小女兒 Anna Rebecca Minton。在專業層次上，我在 Dublin Institute of Technology的計畫 Pathways Through Education 的前計畫管理人Dr. Tommy Cooke，以及計畫中相關學校的校長——Michael Blanchfield 與 Sr Frances Murphy——值得特別一提；他們三位，以及 Peter McCarney，在我進行計畫的這些年，給了我極大的幫助和鼓勵。我還要對我的前監督者 Maureen Carmody和我的朋友Dr. Lennart Karlsson，表達我由衷的感謝之意。

# 目　錄

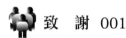 致　謝 001

第一章　霸凌問題 1

　　如何使用本書 6

第二章　在校內建立一套有效的反霸凌政策 11

　　第一節　學校管理人員必須知道些什麼 14
　　　　一、霸凌的定義及其形式 14
　　　　二、「不處罰」原則 17
　　　　三、霸凌行為是整個學校社區的議題 19

　　第二節　在校內建立有效的反霸凌政策 21
　　　　一、應該思考的問題 21
　　　　二、與學校社區商量與合作 22
　　　　三、建立宣導、提升和評估方法 33

　　第三節　在校內建立有效的反霸凌策略 34
　　　　一、打擊策略 34
　　　　二、預防策略 42

第三章　教師必須知道些什麼 47

　　第一節　教室人員必須知道些什麼 50
　　　　一、反霸凌工作的關鍵議題 50
　　　　二、校內的反霸凌政策與教室人員在反霸凌工作上的角色 50

　　第二節　處理霸凌行為事件 5l

一、解決衝突與處理衝突　51
二、為涉及霸凌行為的人建立一套援助策略　54

**第三節　預防策略：教室活動建議　55**
一、對學生就霸凌行為做概括性的談話　55
二、特別的反霸凌活動課　57
三、跨越課程的反霸凌　71

**第四節　淺談教室人員和工作場所的霸凌行為　74**
一、教室人員和霸凌行為　74
二、進一步的資訊　74

 **第四章　父母必須知道些什麼　79**

**第一節　父母必須知道些什麼　82**
一、不同類型的霸凌　82
二、父母為什麼如此重要　84
三、遭受霸凌的徵候和症狀　85

**第二節　如果你的孩子遭受霸凌了該怎麼辦　88**
一、找出問題　88
二、有問題的是攻擊者，不是受害者　90
三、不要肢體回擊　91
四、教孩子應付技巧　92
五、自尊的重要性（第一部分）　94
六、報告問題　96

**第三節　如果你的孩子霸凌他人該怎麼辦　96**
一、讓孩子知道什麼是霸凌　96
二、以身作則　97
三、找出問題　98
四、自尊的重要性（第二部分）　100
五、教孩子同理心　101
六、教孩子尊重個別差異　105
七、以正面的方式發洩精力　107

**第四節　與孩子的學校合作反霸凌　109**
一、向學校報告：你的孩子會想要、需要知道什麼　109
二、家長－學校共同合作反對霸凌行為　111

## 第五章　所有年輕孩子都必須必須知道些什麼　115

### 第一節　關於霸凌，每個年輕孩子必須知道些什麼　118
一、什麼是霸凌　118
二、不同類型的霸凌　119

### 第二節　如果你遭受霸凌了該怎麼辦　121
一、告訴成人遭受霸凌的事──這件事為什麼非常重要以及該如何做　121
二、記住，有問題的是攻擊者，不是你　123
三、不要肢體回擊　124
四、如果你遭受語言霸凌該如何應付　126

### 第三節　在防止校園發生霸凌行為這件事上，你可以幫什麼忙　130
一、不要霸凌他人　130
二、理解他人的感受　131
三、尊重他人　132
四、處理自己的情緒　133
五、其他在學校可做的事　135

## 後　記　139

## 附　錄　141

附錄Ａ：用於學校管理人員討論／訓練的圖表　143
附錄Ｂ：用於教室人員討論／訓練的圖表　150
附錄Ｃ：用於與家長討論的圖表　157
附錄Ｄ：用於與學生討論的圖表　164

## 實用資源　171

### ○書　籍　173
・學校教職員、家長、和學校社區中的其他成人可參考的書籍　173
・年輕孩子可參考的小說和詩集　174

○網 站 175

○學校與家長可利用的套裝資源與影片 176
·用於政策與提升覺察的套裝資源 176
·套裝影片 176
·影 片 177

○工作場所的霸凌：學校教職員與其他人可用的參考
資料 177
·書 籍 177
·期刊與報告 177

# 第一章

霸凌問題

奇怪的是，幾乎每個人都認為自己知道什麼是「霸凌」。我們這些年紀足以為人父母的人，回想看看我們小時候所聽到的有關霸凌的說法。我們那時得到的訊息很可能是混雜的，任何明理的人都不會支持社會上的暴力與虐待行為，然而，校園霸凌行為有時卻成為例外。因此，我們很可能是在各種有關霸凌的虛構故事中成長：

　　「這是生活的一部分。」

　　「男孩子就是這樣——他們時常要發洩一下。」

　　「所有的學校都會發生這種事，所以沒什麼好擔心的。」

　　「棍子和石塊可能會打斷你的骨頭，可是『話』傷不了你的。」

　　「那從來沒有對我造成什麼傷害。」

　　「這會讓你變堅強／讓你瞭解什麼叫生活」，等等。

　　對於以上所有的說法，我們只有一個簡單的回答：「胡扯，簡直是胡說八道。」我們有信心這麼說，因為這每一種說法都是虛構的。對於自己沒有好好地研究調查的事情，人會虛構一個說法來解釋或讓自己覺得好過一點。但如果我們嘗試看得深入一些，就會發現事實，而非虛構的故事。例如，霸凌不必然是生活的一部分。霸凌不是所謂的「發洩一下」。霸凌行為可能會在許多的校園裡發生，但這是應該擔

憂的,是絕對不能容許的。語言會造成傷害,霸凌行為具有殺傷力。霸凌行為的受害者不會從中獲得任何益處——霸凌行為只會摧毀一個人的信心和自尊,導致可能是最嚴重且長久的生理、情緒、及心理上的傷害。

令人驚訝的,我們走了很長的路,才發現這些說法是虛構的——發現顯而易見的事實。過去這二、三十年,我們對於校園霸凌行為的頻率與類型有了逐漸清晰的圖像(大多藉由教育上的和心理學上的研究),特別是在歐洲某些國家和澳洲。例如,挪威在1983年秋季針對霸凌行為做了全國性的調查,結果顯示所有七至十六歲學生當中有百分之十五的人與霸凌行為有關,其中百分之九為受害者,而百分之七為加害者。這其中,百分之一點六的學生既是受害者也是加害者[1]。愛爾蘭做了類似的研究,得到的結果是,百分之三十一點三的小學生和百分之十五點六的中學生,曾在最近一個學期遭受學校惡霸的欺凌[2]。英國於1990年在南約克郡的雪菲爾做過一份地區性抽樣調查,結果有百分之二十七的小學生至少「偶爾」被欺負,其中百分之十的人,每個星期至少被欺負一次。至於中學生,其數據則分別為百分之十和百分之

---

[1] Amongst other places, documented in Olweus, D. (1993) *Bullying: What We Know and What We Can Do*. Oxford: Blackwell.

[2] O'Moore, A.M., Kirkham, C. and Smith, M. (1997) 'Bullying behaviour in Irish school: a nationwide study', *Irish Fournal of Psychology*, 18 (2): 141-169.

四[3]。蘇格蘭在前一年所做的調查，發現十二到十六歲的學生中百分之六曾經遭受欺凌，而百分之四曾經欺凌他人[4]。最後，在澳洲，同樣的研究所得到的結論是「在澳洲的學校，六或七個孩子中就有一個被以相當令人無法容忍的頻率欺凌，也就是每個星期或更常。」[5]

　　如果推估（用這些數據來外推）這些年來受校園霸凌行為影響的人數，結果可能相當驚人。

　　校園霸凌行為愈來愈常見了或是愈來愈少見呢？當然，我們對這個問題的關注提升了，這只會是好事。要瞭解校園霸凌行為是否經常發生，唯一精確的方法就是持續地做大規模的調查。不過，全國性的調查做起來昂貴又費時；資源時常被用在（有些人認為這樣更好）提供學校與學校社區使用的反霸凌計畫的發展上。令人慶幸的是，過去這二十年來，與此主題相關的著述增加了。人們發現有些方法和技巧，可以幫助且有效地防止和打擊校園霸凌行為。另外也有一些方

---

3　Smith, P.K. (1997) 'Bullying in schools: the UK experience and Sheffield anti-bullting project', *Irish Fournal of Psychology*, 18 (2) 191-201.

4　Mellor, A. (1990). *Spotlight 23: Bullying in Scottish Secondary Schools.* Edinburgh: Scottish Council for Research in Education.

5　Rigby, K. and Slee, P.T. (1999) 'Australia' in P.K. Smith, Y. Morita, J. Junger-Tas, D. Olweus, R. Catalano and P. Slee (eds), *The Nature of School Bullying: A Cross-National Perspective.* London: Routledge.

法——在研究人員實驗之後，不過更常是在學校和社區實際
應用之後——則是無效的。當然，與反霸凌有關的觀念也隨
著時間發展、改變。我們認為、也希望這本書的內容，包含
了這二、三十年發展出來的各種反霸凌的方法和技巧中，屬
於好的部分。

若是還有人懷疑校園霸凌問題的嚴重性，請他們想一想
這個事實，在2001年，Marr和Field估計英國一年中至少有
十六個孩子的自殺，其實是「被欺凌至死」[6]。因此，做為學
校社區的一份子，我們的終極挑戰必須是以建設性的方法一
起努力，以避免這種令人心碎的悲劇發生。本書嘗試精確地
指出這些建設性的方法，並且給予在學校社區努力從事有效
的反霸凌工作的人支持。

##  如何使用本書

本書的總體目標是要提供學校社區實際的支持，提供他
們在防止與打擊校園霸凌行為時獲得所需資源的方法。如副
標題所示，此書主要是為實際參與執行計畫的人所寫，做為
他們的訓練手冊。不過，我們相信學校社區的每一份子——
不論是教育人員、教師、學生家長，或學生自己——都能夠

---

6　Marr, N. and Field, T. (2001) *Bullying: Death at Playtime*. Oxford: Success Unlimited.

藉由閱讀此書的某些段落，而獲得實用的理解和意見。

因此，本書的主要內容共分為四個主要部分（第二、三、四、五章）。每一章都有其目標讀者，分屬學校社區中不同的群體。這些篇章都以每一章的內容概論起始、以摘要總結，再附上為目標讀者所列的參考書目。在二、三、四章中，還包含了我們建議採取的各種行動，這些「行動建議」在各篇章中會以圖框表列的方式呈現。

## 第二章

本章探討的是，在組織／管理的層次上，可以採取哪些反霸凌的措施。這大致要視學校的反霸凌政策而定；因此，本章也包含了形成有效的反霸凌政策的方法。政策是實行反霸凌措施的依據，而我們討論的反霸凌措施分為兩種主要類型：打擊策略（對付已經存在的霸凌問題和攻擊行為）和預防策略（降低進一步問題發生的可能性）。打擊策略依賴的是有效的發現、記錄，和介入霸凌／攻擊行為的方法（例如「不處罰」法），並且提供受到霸凌／攻擊行為事件影響的人（不論是攻擊者、受害者、或旁觀者）資源與幫助。預防策略涉及提升對於霸凌行為的察覺，提升利社會行為，以及減低反社會行為。這些策略大部分都是在教室的實際運作中實現（因此，相關的資源出現在第三章），但必須透過反霸凌政策和學校計畫得到根本的支持。因此，我們將在本章中

介紹這些策略，並且在全書中廣泛地前後參照。

 第三章

　　處理與預防校園霸凌行為，以實際面來看，教師可說是站在第一線。不幸的是，教師們有時會覺得他們的訓練並不足以擔任這樣的角色，而憂心忡忡的家長時常會要求教師對於霸凌和攻擊行為問題「做點什麼」。因此，本章將致力於提供教師們在教室中有效的反霸凌所需的資訊和資源。第二章所介紹的策略（如上所述）——打擊與預防策略——將有進一步的闡述，且著重於教室中提升察覺與利社會行為的方法。這包括透過有創意的方法和媒介實現反霸凌工作。一個關鍵性的重點，本章清楚地說明了其理由，就是自尊的增強，對於這類工作（與教學實務），我們提供了實用的意見。關於工作場所霸凌與教師這個議題，雖然不在本書的討論範圍，我們也提供讀者其他有幫助的資訊。

 第四章

　　在反霸凌工作上，父母扮演著舉足輕重的角色，因為他們往往比學校更早發覺霸凌問題（基本上，因為被欺負的學生比較可能告訴父母自己遭遇了什麼，而不是向教師／校長報告）。和學校社區的其他成員比較起來，父母在學校同

時扮演著較不正式的角色。本章以「父母必須知道些什麼」開始，然後大部分把重點放在實用的建議上，建議父母如果他們的孩子被欺凌或涉及欺凌他人時該做些什麼。不過，在打擊與預防霸凌行爲上，我們也必須著重家長和教師可以如何一起努力——共同合作的方法（而不是像這種偶爾會發生的，教師與家長互相指責對方「不作爲」的悲哀情況）是有效的處理問題的關鍵。

## 第五章

　　本章希望成爲年輕孩子自我幫助的指南。我們從題爲「關於霸凌，每個年輕孩子必須知道些什麼」開始，其他段落如「如果你遭受霸凌了該怎麼辦」與「在防止校園發生霸凌行爲這件事上，你可以幫什麼忙」，是爲涉及霸凌行爲的孩子——不論是受害者、旁觀者、或加害者——與未涉及的孩子，提供實用的資訊。我們的書寫對象是較大的孩子或十幾歲的青少年；因此，十歲以下的孩子在閱讀和理解上也許需要成人的幫助。

　　本書最後的部分「可複製的訓練圖表」，提供實際參與執行者進行訓練時所需的資源，以微軟PowerPoint呈現的圖表，可用於教育人員的訓練（附錄A）、在職教師的訓練（附錄B）、與家長討論（附錄C）、以及與學生討論（附錄D）上。以第二、三、四、五章爲基礎的附錄A、B、C、

無霸凌校園

給學校、教師和家長的指導手冊

D，須分別與相關的篇章同時應用，做為將這些篇章的重點以口頭呈現的方式傳遞給特定的目標聽眾的方法。

當然，學校社區中任一群體的人都會想要對於霸凌行為和反霸凌工作有更廣泛的瞭解，不侷限於以他們為目標讀者的篇章所呈現的內容，而且有一些核心訊息是每一群體都應該要知道的。因此，同時也為了避免重複，我們會在文章中標示出可以參照的章節。

身為著作者，我們希望自己做到寫出一本值得一讀的書，更重要的是，一本有用的書。我們知道沒有一本討論這個主題的書可以做到完美，而與校園霸凌攻擊行為此議題相關的知識愈來愈多，意謂（令人感激的）持續不斷地有新的見解和方法發展出來。此外，社會不停地改變，我們的需求也隨著時間在發展——現在的我們可以也必須共同來終結霸凌行為，而不是（如同在較不文明的年代般）把霸凌行為看成「生活的一部分」，不去正視霸凌行為時常帶來悲慘的後果。所以，如果我們遺漏了任何不該遺漏的——如果我們沒有寫出您希望從一本如此標題的書中獲得的訊息——那麼，請讓我們知道。

# 第二章

## 在校園建立一套有效的反霸凌政策

**本章內容**

　　這一章主要是為與學校管理相關的人士所寫——也就是，政策制定者或評議者，或不論他或她的職位為何，任何涉及日常的學校管理或學校計畫的人。以這些人為目標讀者，本章涵蓋了以下幾個主題：

▸ 學校管理人員必須知道些什麼

▸ 在校內建立有效的反霸凌政策

▸ 在校內建立有效的反霸凌策略

## 給訓練人員與學校管理人員的提醒

　　附錄A-D所提供的投影片圖表複本（以微軟PowerPoint格式）可用於：

1. 與學校管理人員的討論／計畫和訓練上（附錄A）。

2. 教職／非教職人員的在職訓練上（附錄B）。

3. 與家長／學校社區內的一般大眾的對話討論上（附錄C）。

4. 與學生的對話討論上（附錄D）。

　　這幾組投影片的內容，是以第二到五章的重點為基礎。

# 第一節　學校管理人員必須知道些什麼

## 一、霸凌的定義及其形式

這些年來，有許多人為霸凌（bullying）下定義。Dan Olweus，霸凌研究領域傑出的先驅，所下的定義為：

當一個人反覆地暴露在一個或更多他人的負面行為之中，他就是遭受霸凌。[1]

在英國，Peter Smith 與 Sonia Sharp 為霸凌下了一個簡單而非常廣泛的定義：

習慣性的濫用力量。[2]

在蘇格蘭，他們使用以下的定義：

霸凌是一個人或一群人對一個在真實情況中無法自我保

---

[1] In Olweus, D. 1991 'Bully/victim problems among school children: basic facts and effects of a school based intervention program', in D. Pepler and K. Rubin (eds), *The Development and Treatment of Childhood Aggression*. Hillsdale, NJ: Lawrence Erlbaum Associates. p. 413.

[2] Smith, P.K. and Sharp, S. (eds) (1998) *School Bullying: Insights and Perspectives*. London: Routledge. p. 2.

護的人施以長期的暴力，不論精神上或肢體上。[3]

　　最後，在愛爾蘭共和國，最常使用的是以下的定義：

　　霸凌是一個人或一群人對其他人反覆施以攻擊行為，不論是語言上、精神上或肢體上。[4]

　　Peter Smith 與David Thompson[5]提出，在霸凌行為中，如同其他形式的攻擊行為，施暴者施加在受害者身上的傷害非但是蓄意的，而且是毫無正當理由的。不過，區別霸凌行為與其他形式的攻擊行為仍有其重要性。這兩者之間的區分，通常根據的是是否存在力量的不平衡（不論是個人的、社會的、或身體的）——不論原因為何，受害者在面對霸凌行為時相對地沒有能力保護自己——以及重複性（雖有爭議，單一的攻擊事件通常不納入霸凌行為）。然而，我們認為，某些單一事件，例如造成當事人持續感受到強烈威脅的不當恐

---

[3] An acknowledged adoption of a Scandinavian definition (Roland, 1989), used in a study by Andrew Meller (1990); cited in Mellor, A.(1999), in P.K. Smith et al,(eds), *The Nature of School Bullying: A Cross-National Perspective*. London: Routledge. pp. 93-94.

[4] From the Depatment of Education (1993) *Guidelines on Countering Bullying Behaviour in Primary and Post-primary School*. Dublin: The Stationery Office.

[5] In Smith, P.K. and Thompson, D. (1991) *Practical Approaches to Bullying*, London: David Fulton.

嚇行為,也可稱為霸凌行為。

霸凌行為有各種不同的形式。「直接的」霸凌行為——受害者遭受施暴者某種程度公開的攻擊——包括語言的霸凌、肢體的霸凌、姿態的霸凌、勒索和E霸凌(以電子郵件或簡訊傳送威脅或辱罵內容)。「間接的」霸凌,某個程度來說,是比較隱晦的,通常涉及有計畫的操控社交關係以孤立某個人,或促使其他人討厭某個人。這包括故意忽略某個人,並且/或誘導其他人也這麼做;散播惡意的謠言、八卦;傳播蓄意傷人的紙條,或塗寫羞辱的字眼(在黑板上或其他公開場所)。霸凌是一種過程,因此,所有具攻擊性的行為都必須加以質疑,以便有效切斷這個過程。

研究人員發現,男性與女性在霸凌的方式上,具有相當一致的性別差異[6]。雖然男性與女性受害者最常遭遇的都是語言的霸凌,但相較之下,男性施暴者比較會使用肢體方式,而女性施暴者比較會使用「間接的」方法。「直接的」霸凌行為及其結果,通常都比「間接的」霸凌明顯可見,因此,「間接的」霸凌行為可能會持續相當長的時間而不被發現。

---

[6] This has been found to be the case in large-scale studies (for example, in Norway, Sweden, England, Scotland and the Republic of Ireland) of bullying behaviour in schools, See Smith, P.K. et al. (eds) (1999) *The Nature of School Bullying: A Cross-National Perspective.* London: Routledge Smith, P.K. (ed.) (2003) *Violence in Schools: The Response in Europe.* London: Routledge-Falmer for overviews.

在女校或男女混合的學校任職的人員，也許會想特別記下這一點。

在這本書中，我們盡力將「霸凌」一詞當動詞使用，而非名詞。把人貼上「霸凌」標籤通常是毫無助益的，因此，我們會說欺凌他人的孩子／青少年／年輕人是涉及霸凌行為。這不僅是改變一個語法而已：它反應的是一個從傳統的（且無效的）「責備／處罰原則」（找出「麻煩製造者」並加以處罰）到「不處罰原則」（下面有詳細的討論）的改變。後者所秉持的是，涉及霸凌、攻擊、和騷擾行為的人——不論是受害者或加害者（或同時為加害者與受害者）——需要學校社區的支援和介入。由此，涉及霸凌行為的人透過對於不當行為的質疑、新技巧的學習、理解與洞察力的提升、以及衝突的解決，而學會為自己的行為負責。

## 二、「不處罰」原則[7]

許多國家人滿為患的監獄在在證明了一個事實，在缺乏心理復健的情況下，處罰犯錯的人並不能減少負面行為的發生率，也不能降低他們再犯的可能性。同樣的，真誠相信因霸凌他人而被迫休學在家的學生，會把自己被排除在學校

---

[7] The interested reader is recommended to refer to Robinson, G. and Maines, B. (1997) *Crying for Help: the No Blame Approach to Bullying.* Bristol: Lucky Duck.

之外的時間花在為自己的行為反省、後悔、最後做出補償的校長，我們也只能說他太過於樂觀了。比較可能的情況是，這個學生會把休學的時間當成免費的假期，或者把這整件事看成一個在目前比他有權力的人施加在他身上的不公平的處罰。這個學生覺得被欺負了，因此產生報復的心理——而且他很清楚造成自己面對如此窘境的（如果他這麼看待這個情況的話），是某個力量不如他的人向學校報告的結果。簡而言之，任何「責怪－處罰」原則先天上就具有瑕疵，因為這樣的原則把焦點放在責怪犯錯的人，只是把犯錯的人貼上異常的標籤。這樣的原則是以被視為合法正當的力量對付被視為不合法不正當的力量（這是「權力當局」的看法，被怪罪的當事人應該會有相反的意見），完全忽視我們人類基本的能力，可以為自己的行為負責，可以學習和改變。

　　「不處罰」並不意謂「沒有責任」；其實，正好相反。處理霸凌問題——在介入的一開始，把行為和行為人分開——我們要尋求具建設性的、有復健效果的解決方法。如果我攻擊你，然後被處罰，我會先否認自己的反社會行為，然後覺得這樣的行為是正當的，覺得自己是正當的。如前所述，如果我攻擊你，然後我發現你找其他人來對付我，那麼可想而知，我會找機會報復你——以及，也許用間接的方式，你找來對付我的人。但如果你能夠拋開報復的需求，權力當局者能夠拋開做點什麼（被看見做了點什麼？）以維持秩序的

需求，而我不是遭受處罰，卻是被鼓勵去看看我的行為如何影響了你呢？畢竟，我可能不懂，或者我懂卻不在乎——但我可以有一個機會學習重要的事。例如，我可以回頭想想自己做了什麼，看看可能的結果。我所做的事會為我自己和你帶來什麼好處嗎？或者我所做的事傷害了你，而最後可能也傷害了我自己呢？如果相同的情況再次發生，我可以有不同的做法嗎？如果現在我看不到其他的選擇，可以學習嗎？事情可以如何解決呢？

「不處罰」原則其實是一般常識，但可以讓我們跳脫「以暴制暴」的惡性循環。依循這個原則行事，未必能夠看到立即的成效，所以我們要著重「在校內建立有效的反霸凌政策」，以及「在校內建立有效的反霸凌策略」。

### 三、霸凌行為是整個學校社區的議題

如果1970、1980年代的研究，使教育者對於學生之間的霸凌行為的廣泛程度和嚴重性，有了進一步的覺察，那麼1990與2000年代類似的研究，則使得一般大眾對於工作場所的霸凌行為的廣泛程度和嚴重性，有了進一步的覺察。如果我們要把「霸凌」當做一個動詞而非名詞，我們就必須視霸凌為一種活動，而不是一個刻板角色；如果我們要依循「不處罰」原則（如上所述）的暗示，以及我們的眼睛和耳朵的所見所聞，我們就必須認定學校社區裡的任何人都可能涉及

霸凌與攻擊行為，或是為施暴者或是為受害者。

因此，如傳統的觀念認為霸凌就是肢體暴力，只涵蓋了部分事實；單看學生與學生之間的霸凌問題，也只能看到部分事實。學生對學生的霸凌確實相當普遍，所幸也逐漸獲得較有效的研究；然而，我們還必須注意到教育人員對學生的霸凌、學生對教育人員的霸凌、教育人員對教育人員的霸凌、家長對教育人員的霸凌等等，才能夠看到問題的全貌。當我們想到在學校社區中各方面發展最不成熟的人——學生——在學校這幾年，正值養成社會態度的關鍵時期，很可能會從他們的老師、父母、以及同儕身上，學習到面對暴力與迫害的態度，那麼以學校社區的層級來面對、處理霸凌和攻擊行為的重要性，當然無庸置疑。當一個教師以濫用權力、攻擊、或騷擾的態度面對學生和同事，我們怎麼能夠期望他的學生認真看待他傳遞出來的反霸凌訊息？

最重要的是，我們視霸凌為人際行為中絕對不能容忍的形式。不幸的是，過去的許多年，成人逃避了介入霸凌行為的責任，而施暴者看到的是他們的行為被忽略，或更糟的情況——被正當化。我們看其他的虐待行為，也可以看到這樣的模式：種族歧視、童工、殖民侵略、奴隸制度都曾經被視為理所當然。這些虐待行為必須受到譴責已是普遍的共識，而在校園中（以及更廣的社會）任何形式的霸凌、攻擊行為和騷擾，也應該受到譴責。

第二節　在校內建立有效的反霸凌政策

 一、應該思考的問題

如果我們把霸凌行為當成整個學校社區的議題（如上），我們就必須問自己一些問題：

- 反霸凌政策聲明由誰來負責起草、審核、定案？在反霸凌政策中明文規定的策略，應由誰來負責執行？

- 我們的反霸凌政策的總體目標是什麼？我們是想要找到方法來處理已經發生的霸凌行為，或是預防事件發生——或兩者都要？

- 我們只對霸凌行為有興趣，或者我們的反霸凌政策應該擴及如攻擊行為、騷擾等相關的議題？或甚至擴及如缺乏紀律等問題？

- 校內的反霸凌政策和策略要幫助的對象是誰？僅限於學生嗎？或是學生和教育人員？或甚至是學生、教育人員、以及家長？如果我們把範圍擴大，那麼誰應該或誰有權力與責任來執行反霸凌措施？

- 在政策形成的過程中，我們要如何讓教育人員、學生和家長參與？他們有多認真看待校園霸凌這個議題？

我可以假定每個人都對霸凌的看法一致，每個人都深信有必要處理這個問題嗎？（這個問題的答案是「不可以」）我可以期待他們有充分的動機來為反霸凌工作付出心力嗎？如果可以，他們怎麼會有這麼高的動機？我至少可以假定所有的教師都看法一致、步調相同？（同樣的，這個問題的答案——在缺乏充分研討過的反霸凌政策和策略的情況下——也是「不可以」）。

· 在反霸凌聲明發表之前，我應該知道哪些關鍵性的法律、課程和政策議題？反霸凌政策要如何與校內原有的其他政策結合？

基本上，在開始研討反霸凌政策之前，這些問題能夠獲得愈明確的答案，政策形成的過程就可能愈順利。與學校社區商量與合作，是在校內建立反霸凌政策和策略能夠成功的關鍵，接下來我們就來討論這點。

## 二、與學校社區商量與合作

要讓人們感覺到一個政策指令是自己的，就必須在制訂政策時詢問他們的意見。我們時常可以看到，指導學校政策的責任落在學校管理階層上，而實現這個政策的責任落在校長身上。結果，學生、教師和家長覺得這個政策（通常在某

方面「約束」他們，通常以學生必須遵守的校規形式呈現）是「從上面來的」，和他們沒有什麼關係。我們說過，霸凌行為可能涉及、影響學校社區裡的每一個人；因此，每一個人都必須是「解決方法」的一份子。我們認為，由學校管理者促進／推動政策形成過程，而所有相關的群體都（至少有機會）提供想法意見，是比較好的模式。

我們從參與學校促使反霸凌政策形成的經驗裡，發現了一些成功的模式（見以下段落）。如本章開頭所提出的，附錄A－D包含了幾組投影片圖表複本（分別以第二到五章的重點為基礎），可用於與以下人員討論／訓練上：(1)學校管理人員（附錄A）；(2)在職教師（附錄B）；(3)父母／社區成員（附錄C）；以及(4)學生（附錄D）。

對於什麼是霸凌行為（也就是，可以如何定義霸凌行為），霸凌行為有哪些形式，「不處罰」原則，最好把霸凌行為當成整個社區的議題，各種調查、記錄、打擊，和預防校園霸凌行為的方法，以及必須這麼做的各種理由，這些群體都應該提供他們的意見和想法。最重要的是，我們必須認知到，這些群體的人對於霸凌行為有各種不同層次的知識、信念、感情和憂慮。有些人根本不把霸凌行為當成一個議題；有些人會拒絕把時間和資源花在這種事情上；有些人相信圍繞著霸凌行為的「古老傳說」——這是生活的一部分、不可避免的、「男孩子就是這樣」、這會讓你變堅強

——「我每天都被高年級的男生揮拳，可是一點也沒有傷到我」。有些人不知道自己的行為具有攻擊性，或根本就是霸凌——而有些人是很清楚，卻想要不受約束繼續幹。

相同的，有些人對於學校社區內不公平、不正當的些微可能都非常憂慮，以致於將不該歸為霸凌的事件也認定為霸凌行為。例如，教師公平地評論學生的作品不是霸凌，教師在徹底查明學生錯誤的行為後，認為有必要依校規對這個學生做處分，也不是霸凌——不論被處分的學生發出多麼激烈的抱怨。然而，如果要反霸凌政策和策略發揮效力，學校社區的每一份子至少必須被邀請來參與，每一份子的聲音都應該被聽見。

當然，形成反霸凌政策的過程到底該做些什麼，必須看學校在這方面的進展如何。在從未針對反霸凌採取任何措施的地方，當務之急是立刻展開提升全學校社區注意這個問題的工作，以形成和傳播反霸凌政策與策略為目標。有些學校在反霸凌工作上也許有相當的進展，如果是這樣，必須做的則是審視與評估運作中的政策與策略是否有效（如果打擊策略是有效的，也許可以特別注意有創意的預防措施）。不論學校覺得自己在反霸凌上多麼專業，都有——而且一定有——檢討的空間（見以下段落——「建立與實施評估和審查的標準」）。

## 行動建議2.1：與教育人員共同研討

參與人員　訓練員、教育人員（同事）

材料用具　本章全部及附錄A；投影機；圖表

方　　法　訓練員與計畫人必須認知，每一個教育人員各有不同的專業知識，對於反霸凌工作也各有不同的看法和動機。因此，雖然圓桌會議是和具專業知識者如教育人員研討問題的典型做法，但先讓所有教育人員對於反霸凌工作有更通盤的瞭解（由具有這方面專業知識的人來做）應該是有幫助。

## 行動建議2.2：與教師共同研討

參與人員　訓練員、教師

材料用具　本章與第三章部分內容（見註解）；附錄B；投影機；圖表

方　　法　在我們的經驗裡，教師較不關心（雖然不一定較沒有興趣）學生涉及霸凌行為的理論面，他們關心的是學習處理這些行為的實際方法，特別是可以在教室裡當場處理問題的方法。處理校園霸凌問題，就實際面而言，教師可說是站在第一線，但不幸的，教師們有時會告訴我們（相當有勇氣的）他們所受的訓練未必足以承擔這樣的角色，而憂慮的父母常常會要求教師對於霸凌和攻擊行為等問題「做點什麼」。

一場典型的在職訓練可能需要半天的時間（提供意見／訓練練習／討論，加上休息時間，大約兩個半小時）。除了學校社區每一群體必須知道的重點之外（見上文），也必須提供關於以下幾個議題的意見：

## （續）行動建議2.2：與教師共同研討

1. 「**不處罰**」**原則及其實際應用**（見上文「不處罰原則」段落及下文的「在校內建立有效的反霸凌策略」）。

2. **打擊策略**（包括這些策略如何在反霸凌政策聲明中得到根本的支持）（見下文的「打擊策略」及第三章的「處理霸凌行為事件」）。

3. **預防策略**（見下文的「預防策略」及第三章的「預防策略：教室活動建議」）。

4. **達成共識**。任何規定、政策、或計畫若要獲得有效地執行，就必須得到大多數教職員工的認同。就騷擾、霸凌和攻擊行為等問題，全體教職員工口徑一致是絕對必要的。因此，如果在與教師進行研討的時候學校還沒有反霸凌政策聲明，那麼試著對霸凌做出所有教育人員都認同的定義，是起步的好方法（如果已有反霸凌政策聲明，起步的好方法則是審視已有的定義具有什麼優缺點）。本章開頭提到的定義，可以做為討論的範例。

由於「霸凌」已經被濫用到變得有點像「贅詞」了——就像十年前，大眾化的心理學贅詞為「壓力」——所以它可能被誤用，或甚至故意錯用。為此，有些學校發現有必要清楚界定的不僅是什麼是霸凌，也包括什麼不是霸凌（這再次點出為霸凌下定義的重要性）。例如，當不喜歡的事情發生時，孩子可能會覺得（並且說出）自己遭受霸凌了（無關乎力量的不平衡、重複性、或是否蓄意傷害等問題）。因此，一個公平地處分孩子的教師，可能會被這個孩子指控霸凌！所以，有些學校已經把「教師公平地評價學生的作品不是霸凌」這類的聲明，加進反霸凌政策聲明中霸凌的定義上。

當然，在反霸凌政策聲明中明列的打擊和預防策略的各個面向，也必須達成共識。這麼做可能相當費時，但如果得到適當

## （續）行動建議2.2：與教師共同研討

的引導，讓所有教育人員表達出對於霸凌行為抱持的態度和信念，這個過程本身就是讓人獲益良多的練習。在作者的經驗裡，以小組的方式就霸凌行為的戲劇情節進行討論，是以建設性的方式闡明意見的有效方法。

5. **政策要幫助的對象是誰？**霸凌行為既然是整個學校社區的議題，我們就不能忽略工作場所的霸凌問題（教育人員對教育人員），以及教育人員對學生、學生對教育人員的騷擾、霸凌和攻擊行為。如果反霸凌政策和策略要幫助的對象包括成人和學生是確定的，那麼當然，教師所提供的意見就彌足珍貴（見第三章「淺談教室人員和工作場所的霸凌行為」）。

## 行動建議2.3：與家長共同研討

| | |
|---|---|
| 參與人員 | 訓練員、學生家長、更廣泛的當地學校社區成員 |
| 材料用具 | 第四章內容及附錄C；投影機；圖表 |
| 方　　法 | 在反霸凌工作上，家長是具有決定性的一群人，因為他們常常都比學校更早發覺霸凌問題（基本上，因為遭受霸凌的學生比較可能告訴他們的父母發生了什麼，而不是向教師／校長報告）。和學校社區其他成員比較起來，家長同時扮演著較不正式的角色。在我們的經驗裡，父母通常需要，或最有興趣知道，可靠而實際的建議，告訴他們該怎麼做，如果他們的孩子遭受霸凌或涉及霸凌他人的話。不過，在打擊和預防霸凌行為上，也必須把重點放在家長與教師可以如何合作。合作原則（而不是像有 |

## （續）行動建議2.3：與家長共同研討

時候會發生的悲哀情況，教師與家長互相指責對方「不做為」）是有效地處理霸凌問題的關鍵。

不論是透過現有的親師會／家長會或其他的聚會方式，父母通常都相當願意出席由校內或校外人士主持的談話會。這類討論會通常約一個半小時長（大約晚間七點三十分到九點），前一個小時由主講人演說，剩下半個小時則開放提問。第四章的內容及附錄C可提供訓練員及學校教育人員做為指南，瞭解這類演講應該包含些什麼內容。有些議題必須特別注意：

1. **時間安排。**很少人會出席安排在星期五晚上的任何演講，不論他們是不是「有別的計畫」。另外，冒著對性別有刻板印象的危險，我們發現電視轉播球賽時會妨礙父親的出席。

2. **地點。**在教育人員與學生家長之間有微弱或負面關係的學校必須記住，家長不參與課外活動可能起因於家長自己小時候負面的學校經驗。可想而知，這樣的家長在空閒時最不想去的地方就是學校，不論多麼值得去一趟。如果情況顯而易見就是如此，必須考慮在校外舉辦這樣的研討會（可以在教堂或社區活動中心）。

3. **進行中的霸凌行為事件**，研討會主持人不知道的話，可能會使研討會的互動面蒙上陰影。例如，也許聽眾之中有個家長的孩子遭受霸凌了，而且覺得學校並未有效處理：可能的結果是，這位家長因為憤怒和失望而試著抱怨，或指責代表學校的主持人或任何出席的學校教育人員。主持人有兩件事可以做：第一，確定自己掌握了學校最近／正在發生的案例；第二，我們認為這也許比較實際也比較重要，那就是為研討會設一個「界限」。例如：「今天晚上我想和你們討論有關騷

## （續）行動建議2.3：與家長共同研討

擾、霸凌和攻擊行為的幾個重點。我知道這些議題有時候是敏感的，所以我要求今晚我們儘量討論概括性的問題，不涉及任何正在影響你或你的孩子的特定事件。如果你需要任何特定的協助，我認為比較有效的做法是一對一的討論，而不是在這樣的研討會上探討。所以，如果有這樣的情形，請直接與我個人聯絡——研討會結束之前我會給大家聯絡我的方法。」

4. **騷擾、霸凌和攻擊行為是敏感的議題**，家長也許有問題想得到解答，但不願在公眾場合發問。所以，永遠必須「開一扇窗」——也許由主持人在會議結束前給大家聯絡方式（事先印好可避免「寫下來」的問題）。

## 行動建議2.4：讓學生瞭解問題

參與人員　訓練員、學生、更廣泛的當地學校社區成員
材料用具　第五章與附錄D；投影機；圖表；美勞創意材料
方　　法　與學生進行活動可以達成許多目標，但該用什麼方式進行，必須視參與學生的年齡而定。不過，我們還是可以做些一般性的建議。最重要的是，我們鼓勵訓練員多多發揮創意，以激發學生的創意。這麼做，可以藉由創意活動，將反霸凌訊息清楚地傳遞給孩子。

1. **設定實際的參加量。**一次一個班，進行一或兩堂課的時間，可能是最好處理的設計。就教室秩序問題來看，協同班級老師一起進行活動是有幫助的。

2. **利用「圓圈時間」，或類似的教學方法。**在有這種教學

## （續）行動建議2.4：讓學生瞭解問題

設計的學校，或習慣這種教學活動的班級，或能夠很快適應的班級，「圓圈時間」的座位安排和活動方法，非常有助於培養暢所欲言的氣氛。不論如何，重要的是讓愈多學生參與討論愈好；要儘可能聽取更多不同學生的問題和建議；就像任何的教學情況，重要的是要溫和地鼓勵比較安靜的學生，並且限制話多的孩子！由於霸凌是個敏感的議題——記住，在對任何班級說話時，你的說話對象可能有好幾個受害者和涉及霸凌他人的孩子——所以設限是非常重要的。一些基本規則如「不要提到任何名字，或發生在這個房間裡的人身上的事件」，「只說你可以舒服地說出來的」等等，可能會有幫助。

3. **運用各種教學策略組合。**想到非常年輕的孩子，就應該想到他們的注意廣度是有限的（特別是愈抽象的概念）；所以，如果要長時間把焦點放在霸凌議題上，就必須運用各種不同的方法，否則孩子的心思很可能會飄走。有些訓練員喜歡以「破冰活動」開始，如放映一段影片或影片精華（本書最後列出了可利用的資源）。有些訓練員則喜歡讓孩子動起來，玩一些「我要認識你」的遊戲（參考第三章，「預防策略：教室活動建議」）。不論如何，訓練員必須灌輸孩子正確的概念；最好的方法是提出問題給孩子，而不是對著孩子「諄諄教誨」。當然，訓練員必須掌握整個過程，某個程度引導學生朝向利社會和反霸凌的論點。一些重要的問題如下（當然，這些問題的措詞和適用性，需要依學生的年齡和理解程度決定）：

(1)霸凌是什麼？霸凌有什麼形式？
(2)霸凌和其他形式的攻擊行為有什麼不同？

## （續）行動建議2.4：讓學生瞭解問題

(3)罵人或叫綽號是霸凌嗎？哪些名稱是永遠不該使用的？

(4)你認為最糟的霸凌是哪一種？為什麼？

(5)遭受霸凌的人有什麼感覺？

(6)人們為什麼要霸凌別人？尤其是如果他們知道這麼做是不對的話？

(7)如果你／你的朋友／某個人遭受霸凌了，你可以做些什麼？

(8)如果你的朋友涉及霸凌別人，你可以做些什麼？

(9)你認為遭受霸凌的人為什麼不說出來自己遭受霸凌了？你／學校／家長可以做些什麼來幫助這個人站出來？

(10)我們全班可以如何彼此注意，以確保我們的班級沒有霸凌問題？

　　接著應該進行創造性的活動，做進一步的討論，重述在第一次討論時出現的關鍵要點，以學生能夠理解的形式呈現。如果能夠在學生提出的三、四個論點中傳遞出反霸凌訊息，那麼這個活動就可能「達陣成功」。

4. **運用適合年齡的創造性活動。**在這一點上，訓練員的想像力（和資源）是唯一真正的限制——已經成功地運用在這類工作上的創造性活動包括繪畫、模型製作、雕刻、海報製作、角色扮演（有人運用，但我們並不推荐，因為事涉敏感的議題和可能的附帶結果），原創戲劇表演（為每個人安排一個工作！），遊戲和結構性的練習，審核文章／詩詞，以及發展公約。這些活動該如何進行（特別是發展公約），細節都在第三章中。最重要的是，活動必須配合學生的年齡和能力——如果「正確的」訊息要堅實地傳送出去，就必須讓智力最弱的學

（續）行動建議2.4：讓學生瞭解問題

生也能夠完全參與活動。為了相同的原因，訓練員必須隨時準備「加入」，而不僅僅是安排工作。有趣的是，缺乏藝術天份對於訓練員來說可是一大幫助——如果你不怕把自己難以辨識的雕刻作品展示出來，學生也不會害怕——還有什麼更能證明「重要的是參與」？

5. **公開展示學生的創意作品。**畫作和文字作品可以放進文件夾做成「書」和「雜誌」；模型、雕刻和海報可以陳列在教室和走廊；角色扮演可以擴展成話劇演出；公約可以貼在布告欄並且啟用。當然，所有這些創意作品都應該在「反霸凌週」展示出來（見「行動建議2.5」）。

6. **這類教室活動的重要性。**除了增強覺察之外，第一次與一個班級進行這類活動也提供了珍貴的機會，讓大家理解學生對於反霸凌政策和策略形成的想法（建立「班級公約」是特別重要的工具）。當然，這類活動也可以形成學校進行中的預防性反霸凌工作的一部分。

7. **同儕調解與同儕輔導。**有些學校引入了「同儕調解」方法，通常是訓練較高年級的學生成為調解者，調解年紀較小的學生之間發生的紛爭和問題，或指派高年級學生成為低年級生（通常是新生）的夥伴（輔導學長），幫助他們適應學校生活。扮演輔導學長的學生不該被期望或鼓勵去「處理」霸凌事件——這永遠都是教師的責任。如果發生「小夥伴」遭受霸凌的狀況，輔導學長最好的協助方式是幫助遭受霸凌的學生找到信心向學校相關人士報告。

與打擊策略相關的要點，包含在本章以下的段落（見「打擊策略」）。更多的教室活動建議則列在第三章「預防策略：教室活動建議」。

三、建立宣導、提升和評估方法

## (一)宣導與提升政策

對於霸凌行為採取主動態度的學校，應該感到驕傲。公開採取行動處理霸凌行為，並不僅是承認過去的問題；而是一種宣告，讓大家知道學校正在找尋實際的方法保護學校社區的每一份子。強化這個訊息的方法之一，就是公告反霸凌政策形成過程的產物——即以文字呈現的政策聲明——愈公開愈好。清楚地寫下來的反霸凌政策聲明應該成為公開的紀錄，讓學校社區裡任何有需要的人都能夠輕鬆取得。因此，它應該張貼在學校所有的公布欄上，並且以學生能夠理解的語言呈現。反霸凌聲明還必須發給所有的教職員工（特別是新進員工和約聘人員）和所有的家長（特別是「新加入」學校社區的家長，意即有孩子剛剛進入學校的父母），也許在每個學年開始的時候。這份聲明還可以散發給更廣泛的當地社區所有相關團體（當地警察、青年團體、宗教團體、兒童、家庭健康中心、健身中心等等）。

## (二)建立並實踐評估和審查的方法

記住，反霸凌政策聲明並不是寫下來就了事了，而是必須定期審視做必要的更新。在反霸凌政策聲明中寫下這一

點，是很有幫助的做法。評估可以正式的研究計畫進行，用比較式的問卷測量成效。不過，考慮到大部分學校可支配的資源（包括時間），整合學校社區內各個群體的意見，是比較實際的做法。

　　在校內安排時間審查反霸凌政策和策略是合理的做法——也許一年一次，在全校教育人員會議上。家長會可能也想安排時間查核政策提供意見；此外，各種預防性的活動也提供學生一個表達意見的正式管道。霸凌模式某個程度來說是「流動的」——很有可能這個月完全沒有紀律問題，而下個月卻不斷發生霸凌事件。除此之外，在學校社區內每個人不同的社會心理狀態——職員、教師、父母和學生——使得這些群體的成員對於霸凌行為及其打擊與預防方式，也各有不同的看法。要整合各種意見做為審查反霸凌政策和策略的依據，就必須保持「門戶開放」——每一個重點，不論是什麼人提出來的，都必須得到應有的重視。

##  第三節　在校內建立有效的反霸凌策略

### 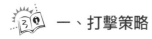 一、打擊策略

　　一份完整的反霸凌政策必須包含打擊策略——處理現有

的霸凌行為事件——以及預防策略（見下面段落）。如前所述（見上文，「行動建議2.2」），在反霸凌政策形成過程中以及接下來的反霸凌工作上，教職員工對於這些策略的所有細節必須達成共識。打擊策略必須包含報告、調查和記錄霸凌行為事件的方法，以及該如何處理與支持涉及霸凌行為事件的人。

## (一)詳加記載該如何報告、調查和記錄霸凌行為事件

　　學校要有效地反霸凌，其關鍵在於鼓勵霸凌行為的受害者，以及也許更為重要的——目擊者，站出來報告他們所遭受到的或目睹的事件。不過，常常有相當巨大的社會和同儕團體壓力，阻礙他們挺身而出。向師長報告的人，不論他的訴怨多具有正當性，可能會被同儕指為「抓耙仔」、「叛徒」——各種可怕的標籤；這樣的標籤立刻把報告者的利社會行為污名化，可能足以使他永遠被同儕排擠。在針對校園霸凌行為所做的所有大規模調查中，可以清楚看到，遭受霸凌的學生極度不願意報告他們的遭遇[8]。到現在為止，造成如此情況的原因尚未得到充分的說明；我們可以合理地推測，任何孩子都會想要避免「爪耙子」、「叛徒」等詛咒似的標

---

[8]　See O'Moore, A.M. and Minton, S.J. (2003) 'The hidden voice of bullying' in M. Shevlin and R. Rose (eds), *Encouraging Voices: Respecting the Insights of Young People Who Have Been Marginalised*. Dublin: National Disability Authority.

籤。

還有一個可能，針對小學生對於霸凌行為的態度和感覺所做的研究，某個程度也證明了這一點，那就是遭受霸凌的孩子害怕在報告之後受到攻擊者的報復，或是他們不知道甚至懷疑學校能不能以保護他們安全的方法處理問題。不論如何，鼓勵學生報告霸凌行為是困難的挑戰。面對這個挑戰的第一步，就是要儘可能的讓報告的過程簡單容易。大致而言，學生都知道他們應該報告霸凌行為；他們需要感覺到這麼做是安全的。如果學校社區全體成員都清楚知道，學校有一套明確、有效的處理霸凌行為事件的方法，那麼學生對於報告霸凌行為是安全的之信心就可以得到提升。

調查與記錄霸凌事件的步驟如下：

### 1.反霸凌打擊策略的統合

有些學校發現，推舉一個教育人員，或一小組教育人員，負責統合學校的反霸凌策略，是很有幫助的做法。自願自發可能是決定人選最好的方法；話雖如此，當然，我們建議負責統合的人必須是常任且資深的員工。統合者的責任是要實踐以下各點；因此，全體教育人員（應該參與挑選統合者）應該選擇有能力做到下面各點的人。其他學校則選擇由全體教育人員共同分擔責任。有人說，學校全體的教職員工都必須有充分的準備和資源，好讓學生可以向任何一位員工報告霸凌行為事件。

### 2.對全體學生談話

學校必須定期地——一個學期至少一次——在有機會出現的時候，提醒學生，學校有一套主動的反霸凌政策，這所學校不容許霸凌行為。有些主其事的教師，會利用這種談話機會來為報告「去污名化」——在言談間提及：「我們是一所說出問題的學校。在有些學校裡，學生未必會把發生的某些讓他不愉快的事告訴他的老師。但是在這個學校，我們一定要說出來——當我們發現有人遭受霸凌了，或者我們自己遭受霸凌了，向老師報告可以保護同學、保護自己。」

### 3.報告的要點

當有人說出自己遭受霸凌了，或報告某個人遭受霸凌了，最重要的是（在一開始）照顧到這個人的安全需求。直接表達我們「相信」報告者，也許太過強烈了——畢竟，每個人的認知不同，並非每一事件都毫無疑義——但我們必須表達我們接受報告者所要說的。接受投訴報告的人應該積極地聆聽訴怨者的陳述，不做任何詮釋判斷，以文字記錄下來——特別是與具體事件相關的陳述，並且存檔。有些學校發現，使用標準化的格式來記錄報告是很有幫助的做法。

### 4.與涉及霸凌行為的人談話

被指稱的攻擊者和受害者必須分開來訪談；如果涉及霸凌的是一群人，那麼必須先個別訪談再一起訪談。我們建議

要儘快調查事實，以避免進一步的狀況發生，也避免攻擊者有機會安排「重建」他們自己的（和其他人的）事件版本。記住，與任何可能的目擊者談話是相當有幫助的，和被指稱為攻擊者的人談話也非常有幫助：每個人對事情的看法各有不同。當與被指為攻擊者的人談話時，要記住，責問的語氣對事情並無幫助，而且必須向被指稱的攻擊者保證，你會先聽他的說法再來做決定。注意，並不需要告訴被指為攻擊者的人是誰報告發生的事——畢竟，報告者可能是受害人、旁觀者、家長，或學校社區內任何只是聽說了發生的事件的人。只需要說，有件事引起學校的注意，而這個學校是不容許霸凌行為的。

有人主張，在調查事件時，必須對確定的攻擊者進行嚴厲的談話。我們認為絕對必要的是：(1)保護霸凌行為的受害者；以及(2)避免進一步的問題發生；這些必須牢記在心，而不是簡單處罰了事。在行為的嚴重性和校規許可的情況下，應該給攻擊者一次機會（而且只有一次），讓他為自己的行為負責、改正自己的行為（畢竟，在一些案例中，攻擊者真的不知道自己的行為是霸凌）。

基本上，攻擊者需要「真誠地」被告知三件事：(1)他的行為明確地構成霸凌行為事件，違反了學校的反霸凌政策；(2)他必須避免霸凌行為，避免再以相同的方式對待受害者；以及(3)如果他再一次違反學校的反霸凌政策，就會受到處罰

（如反霸凌政策聲明與校規所明訂的），而對受害者採取任何報復行動，將會受到最嚴厲的懲處。

### 5.父母的角色

「法斯達」（Farsta）[9]方法的原創者Pikas，並不贊成父母涉入學校處理霸凌行為事件。學生有能力為自己的行為負責，這是一直被強調的訊息。然而，Olweus告訴我們，在他漫長的經驗（無人能比）裡，父母可以是非常珍貴的資源。這兩種背道而馳的論點，並不需要形成僵局。畢竟，專家之間缺乏共識，正好提供學校管理人員思考的機會，讓他們根據學校的狀況來判斷學生的父母是否為珍貴的資源。學校與家長的關係是否強韌到足以使父母成為處理霸凌行為事件的資源呢？如果兩者之間的關係並非正向，父母的涉入會不會反而成為「特洛伊木馬」呢？Pikas的論點具有絕對的說服力嗎？或者，就霸凌行為在當地社區（校外／放學之後）與學校裡交替發生的情況來看，有學生父母參與是不是比較有幫助呢？學校管理階層必須與學校社區其他群體成員商議，然後做出決定。我們應該知道，通知家長學校發生的霸凌行為事件，可讓家長與自己的孩子就霸凌問題進行對話，並且在學校的覺察計畫的協助下，找出可能導致霸凌行為的原因。

---

[9] See Pikas, A. (1975) 'Treatment of mobbing in school: principles for and the results of the work of an anti-mobbing group'. *Scandinavian Fournal of Educational Research*, 19: 1-12.

家長可藉此機會，檢視引發攻擊行為的壓力因素。當然，如果校規與政策明訂家長必須參與學校處理他們的孩子違反校規政策的事件，就必須依照規定來做。

學校必須知道，當父母聽到他們的孩子遭受霸凌了（常常是在孩子隱忍了幾個月或甚至幾年之後），當然會想要學校採取簡單快速的處理行動。然而，處理霸凌事件是費時的，所以，一定要儘可能地讓憂心的家長瞭解學校處理的進度。

## (二)明確規定該如何處罰與援助涉及霸凌行為的人

有些學校發現，在處理霸凌行為事件上，簽署行為契約是很有幫助的做法。典型的做法是，要求攻擊者簽名承諾他未來會避免霸凌行為；他瞭解如果再次違反學校的反霸凌政策就會受到應有的處罰；而且他同意遵守這個契約。最後，應該安排下一次訪談的日期時間——也許一個星期或一個月後，視情況的嚴重性而定——攻擊者必須同意出席。行為契約必須有反霸凌統合者與／或相關教育人員以及攻擊者的簽署，如果需要的話，也可以設計由學生的導師、學年主管、父母或監護人，以及資深教育人員一起連署。

曾經處理過霸凌行為事件的人一定會注意到，找出真相竟然可以花掉那麼長的時間——每個學生的說法會互相矛盾；說法會隨著時間改變；有些攻擊者會全然否認自己說過

或做過任何事。使用標準化的行為契約，某個程度來說，可以擺脫一些問題。例如，攻擊者可能被指控辱罵受害人、散播有關受害人家庭的謠言、以及對受害人施以肢體暴力。也許事實是攻擊者的確辱罵了也肢體霸凌了受害者，但散播謠言的另有其人。不論如何，攻擊者並不是簽署承認所有罪行──他只是簽署同意未來會避免再犯攻擊行為；如果一個人過去沒做過什麼，那麼繼續不做這些事理論上應該沒有困難。當然，這個做法有一些問題，不過，有些學校發現這麼做可以讓教育人員擺脫指控與反指控的循環，並且──最重要的是──可以加速進行確保受害學生未來安全的工作。使用標準化行為契約，當然可以確保每一個教育人員都能夠以完全相同的具體方式來處理霸凌行為事件，而這個動作也會自動留下檔案紀錄。

　　如前所述，處理霸凌行為事件的各個面向，必須與學校整體管教政策的所有面向一致、相互配合。這包含違反學校反霸凌政策應該受到的處罰。在反霸凌政策形成的過程中，必須特別注意這一點，而學校全體教育人員在這一點上也必須達成共識（再一次）。我們要提醒讀者，反霸凌政策必須遵從在學校社區以及更大範圍環境中運作的所有法規和政策指令。

　　至於提供援助，學校必須動用所有的或可以合理產生的資源。並不是簡單指出學校設有輔導室（或類似的服務），

遭受霸凌的人應該主動到那裡去，這樣就可以的。某些情況
輔導可以發揮作用，但是在處理涉及霸凌行為的人時，輔導
並非萬靈丹。當機會出現，教育人員可以做很多事（大部分
是社交技巧訓練）：攻擊者可能需要學習如何控制憤怒，以
及發展同理心或社交技巧；所謂的「刺激型受害人」可能需
要學習適當的社交技巧；調解是極為有效的方法，輔導學長
制（在預防上）也可以發揮極大功效。我們要再次強調，處
理霸凌問題必須整合所有資源，並且聰明、適當地運用這些
資源。第三章的「預防策略：教室活動建議」有進一步的內
容，提供大家更多運用資源的實際方法。

## 二、預防策略

前面已經提過一些應用預防策略的方法（見「行動建議
2.4」），更多的建議都在第三章的「預防策略：教室活動建
議」中。礙於篇幅，我們不在這裡重述；不過，我們希望讀
者能夠參照這些相關的內容。

### 行動建議2.5：舉辦「反霸凌週」

| | |
|---|---|
| 參與人員 | 訓練員、學校社區所有成員（教育人員、教師、學生家長、學生）、更廣泛的當地社區成員 |
| 材料用具 | 學生做創意美勞所有必需的材料；與教師、家長、和學生共同研討所有必需的材料；學校反霸凌政策聲明的影本 |

## （續）行動建議2.5：舉辦「反霸凌週」

方　　法　有些學校發現，以「反霸凌週」來啟動剛完成的反霸凌政策，或開始新的學期或學年，是很有幫助的做法。可以公開展示學生所做的創意美勞（見「行動建議2.4」）；可以舉辦戲劇和音樂表演；可以為家長舉辦談話會／研討會／專題演講（見「行動建議2.3」）；可以為教師舉辦在職訓練（也許由校外的顧問主持，見「行動建議2.2」）。學校管理階層和接受任命的反霸凌統合者的想像力和組織能力，是唯一的限制！

無霸凌校園
給學校、教師和家長的指導手冊

## 摘 要

▶ 本章第一個段落「學校管理人員必須知道些什麼」，略述了霸凌行為的定義與在學校發生的霸凌行為可能有哪些形式；「不處罰」原則，以及視霸凌為整個學校社區的議題，是特別提倡的觀念。

▶ 第二個主要段落「在校內建立有效的反霸凌政策」，提到了幾個必須思考的關鍵議題；與學校社區商量與合作，是絕對必要的態度。關於政策的宣導、提升、評估與審查，這裡也提供了意見。

▶ 在最後一個主要的段落，談論的是「在校內建立有效的反霸凌策略」──打擊策略（包含對於霸凌行為的報告、調查和記錄，以及處罰與援助系統）和在教室與學生進行的預防策略。

## 學校管理階層可參考的書目

Elliot, M. (ed). (2002) *Bullying: A Practical Guide to Coping in Schools.* 3rd edition. London: Longman.

Olweus, D. (1993) *Bullying at School: What We Know and What We Can Do.* Oxford: Blackwell.

Rigby, K. (2001) *Stop the Bullying: A Handbook for Schools.* Australia: ACER.

# 第三章

教師必須知道些什麼

**本章內容**

　　本章主要是為在教室裡與學生工作的人所寫——不論是老師、資源教師、教室／教學助理、跨處室人員或教育心理學家。為了方便，我們把這些人通稱為「教室人員」，以這些人為目標讀者，本章包含了以下幾個重點：

▸▸教室人員必須知道些什麼

▸▸處理霸凌行為事件

▸▸預防策略：教室活動建議

▸▸淺談教室人員和工作場所的霸凌行為

## 給訓練人員和學校管理階層的提醒

　　附錄C與D所提供的投影片圖表複本（以微軟PowerPoint格式），可用於：

1.與家長／學校社區內的一般大眾的對話討論上（附錄C）。

2.與學生的對話討論上（附錄D）。

　　這兩組投影片的內容，是以第四和第五章的重點為基礎。

 ## 第一節　教室人員必須知道些什麼

 ### 一、反霸凌工作的關鍵議題

請讀者特別注意：如果你已經開始閱讀這一章，我們希望教室人員先閱讀前一章（第二章），特別是「霸凌的定義及其形式」、「『不處罰』原則」、「霸凌行為是整個學校社區的議題」等段落，然後再回來閱讀這一章的內容。

 ### 二、校內的反霸凌政策與教室人員在反霸凌工作上的角色

學校所有反霸凌的努力——不論是處理霸凌行為事件的策略和做法，或是預防問題發生的策略和做法，或是給予涉及霸凌行為的人支援與協助——必須有反霸凌政策的支持。學校的反霸凌政策，應該由學校的管理階層諮詢學校社區內所有群體——學校管理階層、教室人員、非教職人員、學生、學生家長——的意見之後建立。我們強烈建議有興趣的讀者回到第二章，閱讀與反霸凌政策形成及其相關議題有關的內容。

簡單地說，教室人員在反霸凌工作上的角色，就是實際執行明列於學校的反霸凌政策中的做法和策略。在概念上，

是可以訂下明確的策略來處理霸凌行為事件，而預防策略可以透過特別的教室活動來教導／實施。但事實上，所有的反霸凌工作都需要教室人員具備某些技巧和條件。本章的目的就是要幫助教室人員，使他們具備所需的技巧和條件，讓他們能夠——感覺自己能夠，在反霸凌工作上盡一己之力。

　　一般而言，就算教師不被公認為年輕孩子的「心靈導師」，卻沒有人能夠否認他們對於學生的態度和行為有著巨大的影響力。為此原因，我們不遺餘力地鼓勵教室人員，把握每一個機會向他們的學生傳遞反霸凌（因此而反暴力與利社會）的訊息。教室人員如何處理學生之間的衝突，是傳遞訊息的方式之一；我們現在就來討論這一個重要的議題。

##  第二節　處理霸凌行為事件

###  一、解決衝突與處理衝突

　　現今大部分的社會問題，都根源於人與人無法好好相處。如果我們以社會的層面的來看長期存在的國際紛爭，那麼多的人因此而受苦和死亡，我們就不得不承認解決衝突並非輕而易舉之事。以整個過程來看，解決衝突可以分為五個階段：(1)確認——引起紛爭的人；(2)判斷問題，也就是瞭解衝突的本質；(3)找出造成問題的原因；(4)介入——找方法處

無霸凌校園

給學校、教師和家長的指導手冊

理問題；以及(5)評估介入成效。

　　爲了在解決衝突時扮演協助者的角色，保持客觀（同等重要的，被視爲保持客觀）是絕對必要的。協助者必須讓所有相關的人知道，他會公正客觀地聆聽每一個人的說法，在聽完每個人的說法之前，他不會做任何決定或採取任何行動。還必須讓所有相關的人知道，他所採取的行動必定是公正的，是根據發生衝突的人先前的行爲所做出的決定。

　　當然，這些都必須在嘗試解決衝突之前，藉著與當事人互動傳達出來。設計基本規則是很有幫助的做法，尤其是處理年紀很輕的孩子之間的問題（意即：一次一個人發言──每個人都會輪到，所以不需要打斷別人的話；不准吼叫、詛咒、漫罵；過去的事就讓它過去，等等）。顯然，必須讓每一個孩子在一開始就同意遵守這些基本規則。最後，如果協助者要做出公平的決定，並且要被視爲做出了公平的決定，他就必須瞭解所有的實情，也許可以做筆記來幫助自己。

　　在解決衝突時，必須認知衝突狀況背後情緒性的本質：人們很少爲事實爭吵，而是爲他們對事情的感覺而吵。這些情緒必須得到正視與處理；必須以建設性的方法來處理。要促進情感的表達，必須注意到人們對於安全感的需求；必須積極聆聽，提出開放式、情感層次的問題，採取同理心的立場。

　　在衝突無法解決的時候──沒有任何妥協的空間──也

許可以處理衝突。要真正解決衝突，妥協是不可少的。但情況可能是，不論爲了什麼原因，就是無法達成妥協，或在可預見的未來都不可能達成妥協，而衝突的情況繼續存在或甚至升高。在這種情況下，雖然衝突雙方無法妥協，但他們可以進入某種協議（由雙方都接受的第三者仲裁），雙方都同意遵守一些規則來處理衝突的原因和影響。衝突雙方都不需要「讓步」或「失去面子」；衝突狀況得到處理，而希望處理策略在時機成熟時能夠使敵對的雙方達成妥協。在當代，有一個處理衝突的範例，那就是北愛爾蘭的「耶穌受難日協議」。以學校的狀況來說，如果有兩個人持續不斷地產生爭執無法拋開彼此的歧見，他們至少可以同意這樣的衝突對彼此都沒有好處──反而會讓他們在學校遇到麻煩。雖然他們不可能「做朋友」，或甚至對彼此保持客觀中立的態度，但是他們可以在教師或學校管理階層的幫助下，參與一個範圍廣泛的計畫，讓彼此保持距離互不侵犯。

　　以解決衝突／處理衝突爲出發點，來思考在學校中發生的許多攻擊行爲可能的解決方法，雖然很有幫助，但我們必須注意的是，有許多霸凌行爲和騷擾事件與人際間的衝突幾乎毫不相干。衝突通常涉及互相敵對的至少兩方。霸凌行爲或騷擾的目標對於攻擊者可能並沒有，或至少在一開始沒有任何強烈的感覺，更談不上對他有任何敵意。許多時候，受害者之所以被鎖定爲霸凌目標，並不是因爲他們和攻擊者之

間彼此討厭，而是因爲攻擊者想要展現自己有操控別人的力量。這意謂著處理霸凌行爲的方法，應該與處理其他形式的攻擊行爲的方法有些不同。

## 二、為涉及霸凌行為的人建立一套援助策略

「不處罰」原則（第二章）告訴我們，涉及霸凌行爲的雙方，受害者與施暴者，都需要學校社區內負責的成人給予幫助和支持。只提供受害者諮商／情緒輔導是不夠的——這只是可以建立的一整套援助策略的其中一環。許多時候，社交技能訓練可做爲選項。以頑固的反社會攻擊者，或所謂的「刺激型受害人」來說，他們可能擁有一種（也許並不自知）會增強自己涉入霸凌行爲的人際互動模式。對於這種類型的人，教室人員可以溫和地指出他與其他人的互動關係，然後以適當的態度教給他新的社交技能。

最後，並不是每一個被指控霸凌的人，都知道他的行爲會對其他人造成傷害；或者，他可能對於自己面對某些情況時的情緒反應，有種無法控制的感覺。霸凌就其定義而言，是一種蓄意的行爲，但有時候一個人感覺遭受霸凌了（或至少被騷擾、侵犯、或某種形式的傷害），不管攻擊者是否蓄意這麼做。所謂「非蓄意攻擊者」，至少必須符合以下三個條件之一：缺乏自覺（不知道自己行爲的本質或後果）、缺乏他覺（不知道其他人對他的行爲有什麼感覺或會受到什麼

影響），或缺乏衝動控制（不知道自己應該對自己的情緒反應負責——通常是憤怒或亢奮）。如果是前兩種狀況，社交技能訓練可以發揮功效；如果是最後一種狀況，由適合的專業人士或受過訓練的教室人員給予情緒管理訓練（特別是憤怒管理），可能是最好的方法。

 ## 第三節　預防策略：教室活動建議

 ### 一、對學生就霸凌行為做概括性的談話

　　筆者記得許多年前曾經聽說，英國有間學校的主任，總會在集會的場合對他的學生說，這是一所「說出問題的學校」「並不是每一所學校都是『說出問題』的學校」，這位主任會這麼說，「但我們的學校是。這個意思是說，如果有人傷害我們或找我們麻煩，或總是故意排擠、孤立我們，或用其他方式讓我們覺得不舒服，我們就向學校的教育人員報告。如果我們看到有人被傷害、找麻煩、孤立、或感覺不舒服，我們就盡力幫助他——向學校教育人員報告。這就是『說出問題』的意思。」他還鼓勵學生，如果在校外遭遇類似的問題，也向學校報告。這位主任相信（正確無誤，我們認為），這麼做可以降低向學校報告就是「抓耙仔」的負面評價，他的學生就比較可能告訴學校自己遭受霸凌。最近，

筆者參與愛爾蘭一所學校的在職教師訓練活動，該校校長告訴作者，她的學校是一所「說出問題」的學校。好事顯然傳千里。

重點似乎是，反霸凌訊息可以非常容易地在日常中傳遞給學生。這種概括性的談話，不斷重複似乎是絕對必要的（就像一般教學實務的許多面向）。畢竟，我們不會期望學生聽過一次就記得某個法文動詞的變化，而是會鼓勵學生不斷重複該動詞的變化，學會在有意義的句子結構中使用正確的變化型態。

這類談話的內容，應該反應出學校與教師對於霸凌的看法，傳達出學校的反霸凌政策和做法（見「校內的反霸凌政策」，與第二章的「在校內建立有效的反霸凌政策」）。不論個別學校的政策聲明如何措詞，要傳達給孩子的基本概念包括：(1)什麼是霸凌，霸凌有哪些形式；(2)霸凌在這個學校是不被容許的行為；(3)我們每個人都有責任守護其他人的幸福；(4)如果我們遭受霸凌了，或者我們知道某個人遭受霸凌了，尋求幫助最好的方法就是向學校教育人員報告；(5)激烈的報復只會讓事情變得更糟；以及(6)每一個人都有權利在一個沒有霸凌和騷擾威脅的學校求學，而我們所有的人都必須盡自己的一份力量來達成這個目標。

這些概念，當然，必須以學生能夠理解的語言傳遞給他們。不同的學校會有不同的安排，不論是由校長／主任、學

年主任或班級導師來負責，一個顯著的、可達成的目標是，學校裡的每一個孩子至少要每個學期聽到一次這樣的談話。讀者也許有興趣知道，本書第五章是爲年輕孩子所寫，而相關的附錄（附錄D），是以PowerPoint格式製作的投影片圖表複本「與學生的對話討論」。

除了不斷重複，如果我們希望學習的效果顯著而持久，就必須鼓勵學生積極、主動地參與學習過程。接下來的段落，我們將討論這樣的教學技巧。

 二、特別的反霸凌活動課

(一)重視自尊的全班活動

和全班一起進行反霸凌活動，是值得鼓勵且實際的做法。反霸凌活動課並不是以知識爲基礎，而是以態度／情緒爲基礎——換句話說，個人的學習——學生情緒上的需求必須牢記在心。人在自尊需求獲得滿足時，學習最有成效。就實際的層面來說，這表示應該讓每一個孩子——不論其年齡或能力如何——能夠完全參與班上的反霸凌活動。要達成這個目標可能會遭遇艱難的挑戰，但我們應該永遠朝著這個目標努力。

就方法來說，反霸凌活動課可以混合刺激思考（提升覺察）、創意活動（非紙筆工作）、協助者引導、有組織的討

論等等活動。對於協助者來說，這表示必須謹慎地計畫反霸凌活動課的內容。我們推荐創意美勞活動，而非紙筆工作，有三個理由。第一，年幼的孩子尚未發展出足以表達自我的寫作技能。第二，即然活動是以滿足自尊需求為重，就必須考慮在學業方面資質較差的學生，可能會對於自己「不如」同學的寫作工作感到恐懼或排斥。最後，運用創意媒介可以使反霸凌活動課有別於一般正常課程，可以帶給學生特別的趣味，讓他們從中學習到個人的價值。

當然，我們建議要運用各種不同的創意媒介。畢竟，不是每一個學生都喜歡相同的活動，或能夠從相同的活動中學習。重要的是，要避免創意活動變得具有競爭性——活動的關鍵在於每一個人都參與。為此原因，協助者也許可以選擇一種他完全不具才能的媒介——這樣可以傳遞出強烈的訊息「重要的是參與」。當然，學生真正的學習是在有組織的討論活動上。討論活動可以全班一起或分組進行，或兩者混合，接下來我們將討論進行這類活動必須注意的問題。

## (二)分組活動

有些教師非常熟悉「圓圈時間」和分組活動等教學技巧，也不時地應用在他們日常的教學中。有些學生每天在課堂上都會經歷和參與分組討論。相反的，有些教師喜歡站在全班面前，對著安安靜靜坐著的學生，講授課程內容，而有

些學生可能在他們最後一次圍坐著聽童話故事之後，就再也不曾在上課時圍成一圈進行任何活動。對後者來說，我們所建議的反霸凌活動可能是一大挑戰。

首先，教師必須做好準備，把自己的心態從「指導者」轉換為「協助者」。雖然活動課的總體內容由教師決定，但細部內容則是由學生帶頭。這對學生來說是一種解放，但對教師而言，一開始可能是很大的挑戰。一旦對於這種教學設計感到自在，教師就會產生解放的感覺。教師還必須讓學生知道，這是不同於以往的教學型態，但非常適合他們所要進行的課程。「因事制宜」是很適用的說法——畢竟，要學習法語或德語就要到語言教室（或有類似設備的教室），要學習足球或橄欖球總不會到美術教室去吧！

值得注意的是，「班規」可以增強學生與教師在進行分組討論活動時所需的安全感。訂定規則本身就是一個有益的活動；可以「班級公約」活動來進行（見「行動建議3.4」）。當然，校規仍然適用！不論如何，協助者可以提出這個問題：當我們在討論情緒感覺的時候，需要遵守什麼大家都能夠同意的規則？相互尊重與尊重個人隱私，當然是大家關心的事。明確的目標是，讓每個人都能夠得到足夠的安全感和愉悅感來參與討論。最後，因為活動有可能引發情緒性的「附帶結果」，所以討論活動有詢問報告的功能。雖然討論內容是由協助者引導由學生推進，霸凌畢竟是涉及感情

的議題（特別是對正遭受霸凌的人來說）。這樣的討論可能會引發某些學生情緒混亂或沮喪。我們強烈建議，在開始這類教室活動之前，應該與校內照護學生的處室建立聯繫。

## 行動建議3.1：暖身活動

參與人員　　你（訓練員／教室人員）、學生

材料用具　　無

方　　法　　許多「暖身」遊戲和活動都是教室人員熟悉的。有不少口語遊戲可用來幫助新組合成的小組成員記住彼此的名字；有一些傳統的機動遊戲，常常用於小學的體育課；還有一些遊戲，依靠的是記憶和一般常識。在為反霸凌工作進行「暖身」活動時，有件事可能是最重要的——營造出利社會的氣氛。以下的活動有助於此：

1. **一個機動遊戲。**非常簡單，學生在教室裡任意走動（避免撞到人和桌椅）。當訓練員發出停止的訊號（也許是拍手），學生就停下來與最靠近他的人握手。試著一次和三個人握手，對年齡較小的孩子來說非常有趣。

2. **一個「自我介紹」遊戲。**訓練員向全班說明，每個人都會特別擅長某些事。有人擅長玩遊戲、運動、或蒐集東西；有人擅長某些科目；有人是好兄弟或好姐妹，好兒子或好女兒，好孫子或好孫女；有人特別擅長說話，或特別擅長聆聽。每個人各有所長，而項目多得不勝枚舉（要讓學生有這種感受）。然後，要每個學生輪流站起來，用以下的詞句做自我介紹：「我是（學生的名字），我擅長的事情之一是……。」訓練員可以這樣的

## （續）行動建議3.1：暖身活動

自我介紹來開始或結束這個遊戲，說自己擅長的事。所說的內容可以是學生知道的、比較嚴肅的：「我是史密斯小姐，我擅長的事情之一是教人說法文。」或者，如果訓練員覺得需要讓自己人性化一點，可以說學生不知道的、日常的小事：「我是瓊斯先生，我擅長的事情之一是煎蛋捲。」帶點幽默常常會有不錯的效果，不過，絕不可以是自我輕視。所以，「我是達倫，我擅長的事情之一是遊手好閒」也許可以，但「我是賽門，我什麼都不擅長」當然不行。訓練員應該溫和地幫助學生思考他自己擅長什麼，而不是做直接的建議，並且限制其他學生給太多建議。

3. 你喜歡對方哪一點。學生面對面排成兩行，安靜地（不准笑！）看著面對自己的同學。然後，訓練員要學生想一想他們喜歡對方什麼（至少一點）。學生不需要大聲說出來，或甚至不需要告訴對方。他們只要想出他們喜歡對方的哪一點，不論多麼微小的事。畢竟，並不需要是朋友或特別熟識的人，才能找到讓你喜歡的某一點。幾分鐘後，活動結束。訓練員告訴學生，如果想的話，他們可以找其他時間告訴對方他們喜歡對方的哪一點。

## 行動建議3.2：影片討論

| | |
|---|---|
| 參與人員 | 你（訓練員／教室人員）、學生 |
| 材料用具 | 大約十分鐘長適齡的影片；錄放影機和電視；黑（白）板或圖表，用來記錄學生的建議和反應；學生的書寫工具 |
| 參與人員 | 你（訓練員／教室人員）、學生 |

（續）行動建議3.2：影片討論

方　　法　　這個活動非常適合用於反霸凌工作提升覺察的階段，因此在整體的反霸凌工作過程中，是相當早出現的活動。這個活動方法上非常簡單；學生看影片，然後進行有計畫的討論。不過，活動背後的意涵，我們將進一步說明。

1. **準備工作。**當然，最根本的是影片的選擇。有許多描寫霸凌和暴力行為的影片——有些比其他的負責——這確實是重要的考量。挑選的影片必須是能夠引起孩子共鳴的；片中角色必須和他們差不多年紀；故事情節必須是真實而相關的，但不要太令人震驚，避免孩子受到精神創傷的可能（一開始就必須查核影片分級證明）。影片長度必須在十分鐘左右。這樣的長度就足以激發討論；討論一、兩段關鍵劇情，並不需要（而且也不實際）看完整部影片。最後，所選取的影片片段本身必須是可看的，不需要做太多解釋就能夠讓學生瞭解故事內容。另外，就是準備問題和討論要點，讓學生在看過影片之後進行討論（見以下第三、四點）。

2. **觀看影片。**本書作者之一曾經用於青少年的影片（影片分級為15），內容大約如下：有四個主要角色——「受害人」克利斯（12歲）、「受害人的朋友」喬弟（也是12歲）、「惡霸」王牌（大約18歲）、和「惡霸的朋友」眼球（也大約18歲）。在第一場戲中，我們發現喬弟的哥哥在前一年去逝了，不過在死之前，他給了喬弟他的棒球帽。因此，這頂棒球帽對喬弟而言意義重大。接下來是一場開心的戲，喬弟和朋友克利斯碰面，兩個人一起嬉鬧。

影片的最後一場戲，是霸凌行為發生的經過。喬弟和克

（續）行動建議3.2：影片討論

利斯遇到「惡霸」——王牌，與他的共犯——眼球。在這裡我們發現，眼球不僅是惡霸的朋友，也是受害者克利斯的哥哥。一開始，王牌搶走喬弟的棒球帽。當克利斯試圖幫喬弟拿回棒球帽時，王牌把攻擊目標轉向克利斯，把他壓制在地上，強迫他為他的無禮道歉，並且握著一根點燃的菸逼近他的眼睛。眼球以兩種方式加入這場迫害；第一，他不斷地辱罵克利斯和喬弟；其次，他完全沒有做任何事來保護受害者，他的弟弟，克利斯。在看過影片之後，全班可以開始進行有計畫的討論。

3. 就劇情進行思考。需要準備一些問題讓學生討論，最好的做法是以「圓圈時間」的方式進行，如果學生能力足夠的話，可以進行小組活動。以上面的例子來說，全班就分成四組，每一組分一個角色。每一小組要選出一個「記錄」（為小組寫下成員的意見）和一個向全班報告的「發言人」（發表小組成員的意見，也就是，彙整報告「記錄」所寫下的內容）。（協助小組以民主的方式選出擔任這些工作的人，而不是以「強迫中獎」的方法，這也是一種利社會的活動。）可能的問題如下：

(1)在霸凌事件中，你的小組扮演什麼角色（即受害者、受害者的朋友、惡霸或是惡霸的朋友）？

(2)這個角色幾歲？

(3)你的小組成員喜歡這個角色嗎？如果喜歡，為什麼？如果不喜歡，為什麼？

(4)這個角色在霸凌事件中做了什麼？

(5)你們認為他做的事對不對？如果對，為什麼？如果不對，為什麼？

(6)他可以有哪些不同的做法？為什麼？

（續）行動建議3.2：影片討論

(7)如果你是劇中的這個人，你會（想要）怎麼做？

4. 全班討論。如果做了分組討論的話，那麼就由每一組的發言人向全班報告他的小組成員的看法。其他小組在聆聽之後，可以提出他們的看法和意見。每一組依次報告後，就開始進行全班開放式的討論，可提出的問題如下：

(1)我們最喜歡哪一個角色，為什麼？
(2)我們最不喜歡哪一個角色，為什麼？
(3)類似影片中這樣的事件曾經發生過嗎？
(4)發生這種狀況時，我們可以做些什麼，為什麼？
(5)我們從今天的活動中學到什麼？

　　附註：讀者也許有興趣知道，可能也預測得到，在上述的影片中，最不受歡迎的角色是（不論學生的年齡或性別）眼球，「惡霸的朋友」兼「受害者」的哥哥。為什麼？原因之一，他本身也是個欺負弱小的惡霸——雖然他並沒有肢體攻擊任何人，但他還是辱罵了他們（這也是一種霸凌）。王牌和眼球這兩個角色都讓人嫌惡，由於年齡的差距，他們的霸凌行為被視為完全不公平——這裡是兩個18歲年輕人找兩個12歲男孩麻煩。不過，學生討論最激烈的是，眼球應該站出來保護他的弟弟（克利斯）。換言之，他應該站出來對抗他的朋友，阻止霸凌行為發生。所謂的「血濃於水」？也許是。不過，這顯示在某種程度上，每一個孩子／青少年都知道霸凌是一種不公平的行為；而且，人們有責任阻止霸凌行為（就算這種社會行為只擴及血親，仍可以此為基礎，建立原則）。當然，對抗朋友——反抗加入霸凌行為的同儕壓力——是困難的，但學生自發而熱烈地表示應該這麼做，至少在這個案例中，確實令人振奮。

## (三)視覺藝術：海報、圖畫與雕塑

　　很多年輕孩子喜歡畫圖，隨著時代進步，有些孩子能夠用電腦製作出非常專業的海報、傳單和文件。視覺藝術活動提供的可能是最簡單而有效的方法，讓孩子發揮創造力建構出他們自己的反霸凌訊息。甚至還不會寫字的孩子，也能夠畫出惡霸的樣子，而他們的圖畫所透露出來的訊息，足以令看到圖畫的成人感到驚訝。較大的孩子（小學高年級以上）和青少年，可以利用他們的生活經驗，特別是大眾傳播媒體和廣告，來設計傳達出反霸凌訊息的海報。最後，甚至感情上久經世故的青少年（以及成年的協助者），在愉快、忙亂的雕塑活動裡，也能重溫較為無憂無慮的時光中的歡樂和喜悅。紙黏土、石膏、鐵絲（用於較精細的創作），各種家裡的廢棄物（空瓶、空罐），以及各式各樣的顏料、紡織品、羽毛和貝殼，都是隨手可得而且便宜的材料，非常適合用於雕塑。「行動建議3.3」提供一個這類活動的範例。

---

**行動建議3.3：美勞創作／討論活動**

參與人員　　你（訓練員／教室人員）、學生

材料用具　　垃圾袋、膠帶、一些空瓶空罐、紙黏土、各種布料紙張（碎布、色紙、硬紙板、毛氈等等）、廣告顏料、剪刀、膠水、各種裝飾品（如貝殼、瓶蓋、吸管、羽毛、樹葉、緞帶等等）。還要準備足夠的椅

（續）行動建議3.3：美勞創作／討論活動

子，讓所有的學生圍坐成一圈。

方　　法　這個美勞創作／討論活動範例，適用於小學高年級和中學生。這類活動用於已經針對霸凌行為進行過提升覺察和討論活動的學生，可以得到最佳效果。

1. **活動開始之前。**必須事先告知學生，這一次要進行美勞活動，他們需要準備圍裙或大件的運動衫，以免弄髒衣服。（建議協助者準備幾件備用，因為總有學生會忘記。）活動開始前，必須重新安排位置；任何可能會被顏料、膠水或黏土弄壞的東西，都必須移開（使用沒有舖地毯的教室），桌子必須覆蓋起來。把大型垃圾袋剪開蓋住桌子，再用膠帶固定，是便宜而且簡單的方法。

2. **開始雕塑活動。**學生走進設置異於往常的教室之後，由協助者淺談一下什麼是雕塑。接著，提醒學生他們已經做過的反霸凌活動，然後告訴學生現在他們要用瓶子來做雕塑。他們可以把瓶子做成任何他們想要的樣子，可以用他們喜歡的方式來做裝飾（協助者提供的材料都可以使用）。最重要的規則是，雕塑的主題必須與反霸凌相關。當然，瓶子是相當普通的形狀；做為雕塑的基底，年紀較小的孩子也許會用它做為「惡霸」的身體。請注意，協助者應該阻止學生雕塑刻板的「受害者」角色，即「怪ㄎㄚ」、「失敗者」或「膽小鬼」。因為這會傳遞出有些人「活該」遭受霸凌的訊息，如此一來，就會徹底傷害反霸凌工作。年紀較大的學生能夠處理較抽象的概念；他們也許可以把瓶子雕塑成爆發的火山，象徵遭受霸凌的人內心的激憤。

3. **討論工作。**這項活動的第二條重要規則是，當協助者指示學生停下工作時——協助者每十五分鐘左右做一次——

**（續）行動建議3.3：美勞創作／討論活動**

　　一學生必須坐到圓圈來，討論一下他們的雕塑做得如何。協助必須試著對學生提出有趣的問題，以促進全班一起討論：這個工作容易嗎？比你以為的困難嗎？試著用雕塑來表達想法和情感是什麼感覺？這個活動能否幫助你以不同的角度思考霸凌行為和反霸凌工作？把你的作品展示出來，你覺得如何？

4. **展示作品**。瓶塑作品通常是非常吸引人的，而且因其尺寸不大，所以非常容易陳列展示。當然，如果有學生真的不想展示他的作品，他的感覺應該受到尊重。

## （四）表演藝術：音樂、戲劇、劇本與角色扮演

　　音樂創作在一些學生當中是非常流行的。在2004年的今天，饒舌可能是最受中學生歡迎的音樂媒介，其所需配備也非常簡單——基本上，只需要一部電子合成節奏器（以及一個會使用這部機器的人）或是以人為本的節拍演奏（許多年輕人可以發出合成節奏器的聲音）。很多教師一想到饒舌就退卻，震驚於（也許有充分的理由）某些在歌詞中明白呈現出厭惡女性與美化街頭暴力的「幫派」曲風。不過，因此而扼殺整個媒介，可能太過嚴苛。首先，歌手阿姆之所以能夠持續暢銷，原因之一是他能夠在自己的音樂中探索各種不同的主題。饒舌並不是只有歌誦暴力，就像1950年代的搖滾樂，並不是只有某些父母所以為的歌誦性愛而已。其次，我們必須記住，饒舌源自一群受壓迫的人所發展出來的街頭音

樂——歌詞中的憤怒主要來自於不公不義的社會經驗。如果我們把焦點放在歌詞內容上——而歌詞內容必須以反霸凌為主旨——那麼，饒舌就是唾手可得且直接相關的媒介，而且是能夠給予學生動機、讓學生能夠自我指導的媒介。當然，熱愛其他音樂類型的年輕人和年紀較小的孩子，可以選擇其他音樂媒介。學生／教師是否有能力使用某種樂器作曲可能有影響——不過，以韻文形式寫歌詞、想一些簡單的旋律和／或和聲，對於最年幼的和自認為沒有音樂細胞的孩子來說並不算困難。

　　有些教師清楚知道，戲劇和角色扮演在提升學生對於各種議題的察覺上很有幫助。但是，在角色扮演情境中受到霸凌的學生，有可能因此受到創傷。由於存在此一疑慮，筆者認為這個方法並不適合廣泛地推薦。畢竟，在角色扮演情境中，或在原創的戲劇情節裡，演出時其內容相對地不受教室人員「控制」，因此，協助者不可能確保擔任受害者角色的學生不會受到心理創傷。然而，戲劇是一種有力且極負教育性的媒介。有一些以反霸凌為主旨的短劇可供利用（見書末的「實用資源」）；如果教室人員能夠某種程度掌握劇本的編修，也可以將原創劇本搬上學校舞台。就班級較為自然發生的、較為概括的、且較不正式的角色扮演活動而言，由於上述的原因，我們相信這類活動較適用於探索與霸凌行為相關的關鍵議題，而不適合直接探討霸凌行為。相關議題如同

儕壓力、友誼動力及「情緒處理」，都非常適用於反霸凌活動課，這些實際議題不但合乎學生的知識和經驗，用於班級活動也「非常安全」。編寫劇本也是一個可以讓學生相當投入的活動。

## 行動建議3.4：建立班級公約

參與人員　　你（訓練員／教室人員）、學生
材料用具　　只需一般文具
方　　法　　建立班級公約，對於反霸凌工作十分有益。在進行這類活動之前，必須已經提升學生對於霸凌行為的覺察（也許透過學校廣泛的作為，或前三個行動建議那些類型的活動）。建立班級公約的方法非常簡單，不過，仍值得我們做一些說明：

1. 要學生想像自己負責整個班級／學年／學校，想像自己是班級導師／學年主任／校長。他們會訂下哪些反對霸凌行為的規則？就小學中年級以上的孩子來說，讓學生兩兩一組，或三、四個一組，有助於學生經由討論產生想法（須達成共識），然後把他們的想法寫下來。年紀較小的學生可以語言表達，由協助者寫在黑板上。當然，協助者應該鼓勵學生儘量提出意見——每一個學生都應該參與。

   當然，設限是非常重要的。透過先前的提升覺察工作，我們希望學生已經熟知「以暴制暴」是不可行的。暴力只會衍生出更多的暴力。這個概念必須以學生能夠理解的語言說明——學生必須理解到，任何形式的「自行執法」都不可能解決問題。如果我找我的哥哥來揍欺負我的人，然後欺負我的人找他的家人來揍我和我哥哥，然

## （續）行動建議3.4：建立班級公約

後我又找更多的人來對付他和他的家人，然後他又找他的鄰居……這麼下去，早晚有人或我們所有的人都會被退學／受重傷／面臨犯罪指控。也許有些當地的例子，可以讓學生更加看清事實。

在不太熱衷於順從教師／學校意見的班級，建立班級公約是一個有效的方法。在存有「敵對」意識的班級——「我們對抗他們」的意識（「他們」指的是父母、老師、任何當權者），正可以善加利用這一點，如果全班對於譴責不公平的霸凌行為有共識的話。對於這樣的班級，不應該問「我們可以訂什麼反對霸凌的規則？」而應該這麼問：「身為這個班級的一份子，你們有什麼方法可以彼此守護，避免這個教室裡的任何一個人遭受霸凌？」

2. 接著，協助者必須負責將學生所有的意見彙整成公約的形式。內容分析是必要的。這麼做並不是要挑出協助者認為「最好的」意見，或甚至最常見的規則，而是要將學生所有的意見整理成為可付諸實行的形式，如，八至十條簡短的條文。最好儘可能保留學生自己的語言。可預期的是，學生提出的意見會包括如何預防與打擊霸凌行為，因此並不需要做太多編輯修改——除了刪除明顯與反霸凌主旨無關的意見。如果學生年齡較小，他們的意見是由協助者寫在黑板上的，那麼就可以在協助者的幫助下，經由全班討論，決定最後的條約。

3. 這個階段非常重要——公告班級公約最後的版本。如果協助者的美編能力遠遠超過他的學生，那麼協助者也許可以花些心思把公約製作出來。當然，必須將公約放大至海報大小，並且製成薄板。製作完成後，就把公約展示在教室裡。

4. 如果班級公約要在班上／學校付諸實行，如我們所建議

第三章　教師必須知道些什麼

**（續）行動建議3.4：建立班級公約**

的，學生付出心力的參與就會產生非常正面的影響。建立公約活動（也許是一系列的公約）提供一個理想的機會，得以讓學生的意見融入學校的反霸凌政策和實務（見第二章，特別是「行動建議2.5」）。可以依據學生的年齡／理解程度，將這個訊息回饋給學生。建立公約活動整體的概念是，讓學生在參與的過程中產生所有權的感覺。本書作者曾經問一個孩子，他認為他和他的同學會不會遵守他們剛剛完成的班級公約，正如這個孩子的回答：「大笨蛋才會違反自己訂的規則。」

最後，如我們在第二章所説的（見「行動建議2.5」），公開展示學生的反霸凌作品是極為重要的。舉辦「反霸凌週」或「反霸凌日」，邀請學生家長和當地社區成員參加，讓學校和學生有機會展現他們良好的作品。就算無法舉辦這樣的活動，不論為了什麼原因，也要儘可能公開展示學生的作品。不要讓學生的反霸凌海報在抽屜裡發黃；不要讓他們的音樂無人聽聞；不要讓他們的表演無人觀看。公開展示認可學生的努力與貢獻，這麼好的增強學生自尊的機會絕對不能錯過。

 **三、跨越課程的反霸凌**

當強烈的反霸凌風氣已滲入校園，教室人員就可以自信地發揮創意，在一般的教學課程中傳遞「反霸凌」訊息。小學教師在教學方面可能比中學教師擁有更多自由，因此，小學教師可以找到較多機會發揮這方面的創意。話雖如此，中學教師仍然可以在一般教學課程中觸及反霸凌議題，以下是

無霸凌校園
給學校、教師和家長的指導手冊

我們的說明。

　　由於存在大量的以英文寫成的書籍和文章，英文教師可能最容易在他們的日常教學中討論反霸凌議題。在課程允許時，英文教師甚至可以使用能夠鼓勵學生思考非暴力與平等等議題的書籍和戲劇。當然，許多以英文書寫的文學作品，反映出英語世界各種的偏見，其中之一即為攻擊行為。我們希望書末的「實用資源」能夠提供一些有用的建議；在我們列出的書單中，包括了許多專為年輕孩子寫的、討論霸凌與暴力等議題的書籍。除了我們提供的書單，我們確信英文教師能夠輕而易舉的找到其他可用的教材——例如，莎士比亞的悲劇，就可以看到暴力與「卑鄙手段」是無法達到目的的。

　　在其他科目上，我們要記住的是，霸凌行為最令年輕孩子反感的是這種行為不公平的本質——攻擊者欺壓，不論為了什麼原因，無法自衛的人。（連最年幼的孩子也會同意，體型／年紀較大的孩子找體型／年紀較小的孩子麻煩，幾乎可以百分之一百確定是錯的。）可悲的是，不論在什麼年代，人類的歷史都不乏暴虐和迫害的實例。因此，可統稱為「人文科學」科目的教師——歷史、宗教（以及人文觀點的地理和經濟）——可以在一個更寬廣的脈絡裡，幫助學生思考霸凌與受害等問題。畢竟，在談到殖民歷史或二十世紀的世界大戰史時，能夠不傳遞這樣的訊息嗎？我們能夠以西方

經濟強國的政治領袖所展現出來的譏誚態度，向充滿理想主義色彩的青少年解釋如第三世界的負債這樣的議題嗎？

　　中學的其他科目，要融合反霸凌於課程內容中，在做法上較不明顯。不過，仍然存有兩個關鍵性的原則：第一，教室人員應該把握每一個機會傳遞出反霸凌的訊息；第二，教室人員的創意和才能（以及一套比這些粗略的指導方針更明確的做法）是具體實現反霸凌最好的憑藉。也許，現代語言教師可以在談及與語言相關的文化融合時，以人文科學教師使用的方法做類似的討論。說著現代語言的國家，不論其過去或現在，都有許多不公平和暴力的實例。甚至在科學課程中，論及人類的科學成就時——更進一步，科學研究競爭劇烈的世界——可以自然而然地討論與倫理道德和價值觀相關的問題。在技職科目裡討論健康與安全等議題時，至少可以鼓勵學生利社會地思考，讓學生思考他們對於其他人的福利有什麼共同的責任。甚至在數學課上，可以就班級或學校所做的與霸凌問題相關的研究數據，做統計上的分析。

 **第四節 淺談教室人員和工作場所的霸凌行為**

 **一、教室人員和霸凌行為**

　　如果說過去這三十多年來，社會科學家讓我們（以及我們的大眾媒體）注意到學生之間霸凌問題的嚴重性，那麼過去這二十幾年，他們也讓我們注意到工作場所霸凌問題的真實面貌。如果工作場所的霸凌問題存在於任何職業環境中（如職場霸凌問題研究者所顯示的），那麼同樣是工作場所的學校，沒有任何理由會是例外。

　　這本書從頭到尾都秉持著「不處罰」原則（包括任何可能受影響或涉及霸凌行為的人），並且以「學校整體」或「學校社區」的概念看待問題（雖然我們幾乎把所有的注意力都放在學生之間所發生的霸凌行為上，但這樣的概念說明學校社區裡的任何群體都可能受影響或涉及霸凌行為）。因此，我們可以合理地推斷，在學校系統裡工作的人，必定也有霸凌行為的加害者或受害者。

 **二、進一步的資訊**

　　可惜的是，這裡只能談這麼多。礙於篇幅有限，我們無法詳細討論在學校裡發生的工作場所霸凌問題；想到在工作

場所遭受霸凌的經驗可能產生的嚴重影響，這麼粗略的談論問題讓我們感到非常遺憾。不過，我們挑選了一些討論工作場所霸凌問題的書籍（見書末「實用資源」），希望能夠有所幫助。

## 摘 要

▶▶ 本章第一個主要段落「教室人員必須知道些什麼」，首先請讀者參照第二章的關鍵內容，接著談及學校的反霸凌政策與教室人員扮演的角色，以及教室人員執行反霸凌工作所需的技巧和條件。

▶▶ 第二個主要段落「處理霸凌行為事件」，討論的是解決衝突與處理衝突，也談到為涉及霸凌行為的人建立一套援助策略，包括情緒（憤怒）管理。

▶▶ 第三也是最大的落段，「預防策略：教室活動建議」，包含了對學生就霸凌行為做概括性的談話，以及各種明確的反霸凌活動課程。

▶▶ 最後一個段落為「淺談教室人員與工作場所的霸凌行為」。

**學校管理階層可參考的書目**

Elliot, M. and Shenton, G. (1999) *Bully-free: Activities to Promote Confidence and Friendship.* London: Kidscape.

Glover, D., Cartwright, N. and Gleeson, D. (1998) *Towards Bully-free School: Interventions in Action.* Buckingham: Open University Press.

Sullivan, K., Cleary, M. and Sullivan, G. (2004) *Bullying in Secondary Schools: What It Looks Like and How to Manage It.* London: Paul Chapman Publishing and Corwin Press.

# 第四章

## 父母必須知道些什麼

**本章內容**

　　本章主要是為關心霸凌問題的父母所寫，學校教育人員或任何有心與父母一起打擊和預防校園霸凌行為的人，也會對本章內容感興趣。本章包含：

▸▸父母必須知道些什麼

▸▸如果你的孩子遭受霸凌了該怎麼辦

▸▸如果你的孩子霸凌他人該怎麼辦

▸▸與孩子的學校合作反霸凌

## 給訓練人員和學校管理階層的提醒

　　附錄C提供的投影片複本（以微軟PowerPoint格式），可用於與家長的研討上。這些投影片的內容，是以本章的重點為基礎。

無霸凌校園
給學校、教師和家長的指導手冊

## 第一節　父母必須知道些什麼

### 一、不同類型的霸凌

　　霸凌是一種攻擊行為，是一個人或一群人在進行中的基礎上蓄意且習慣性地攻擊一個被挑選上的、相對而言無法防衛自己的人。年齡和肢體／社會力量差不多的人，偶爾發生打架或爭吵，不是霸凌。雖然我們特別指出霸凌「在進行中的基礎上蓄意且習慣性地攻擊」這樣的特點，必須注意的是，不正當的、以行進中的基礎達到威脅目的的單一事件或脅迫，也可以稱為霸凌。傳統上，當人們聽到「霸凌」時，最常想到的是肢體攻擊和脅迫。然而，這只涵蓋了在校園裡發生的霸凌行為的一小部分。

　　語言霸凌是指持續的辱罵、羞辱，或持續地把一個人當成嘲笑的目標。如果這樣的語言攻擊持續地指向某個人的家庭、民族或宗教信仰，或隱含著性暗示，特別會使人感覺受到霸凌。肢體霸凌是指推、擠、踢、戳、絆倒，用武器或物品攻擊。它包含所有形式的身體攻擊，或肢體攻擊的威脅。肢體霸凌還包括故意損壞人身上的衣物或其他個人物品。姿態霸凌是指非語言的威脅姿態，如傳遞出威嚇、脅迫訊息的瞪視。勒索是指以脅迫手段榨取金錢、財物或午餐卷等等。

勒索的受害者可能也會被迫參與反社會行為，如偷竊或破壞公物。E霸凌是指以電子郵件或簡訊傳送威脅或羞辱的訊息。

此外，還有各種所謂的「間接霸凌」（與前面所述比較「直接」或比較「公開」的攻擊不同）。間接霸凌包括社交孤立或故意忽視某一個人，或試圖讓其他人討厭某個人；故意操弄人際關係讓某個人不受歡迎；散播惡意的謠言或八卦；傳播蓄意傷人的紙條或圖畫；塗寫羞辱的字眼。

研究人員發現，男學生與女學生傾向於涉入不同類型的霸凌行為[1]。概括地說，男學生比較會肢體霸凌他們的受害者，而女學生往往採取的是「間接的」方式。肢體霸凌通常是比較明顯的（肢體攻擊往往比較快得到學校當局注意），而且會留下證據（受害者身上的瘀青、傷口），而較為隱晦的「間接霸凌」，可能會持續相當長的時間不被發現。所以，有女兒的家長也許會需要特別注意這一點。

在本章中，我們儘可能以「涉入霸凌行為」來指稱欺負他人的孩子，而不直接稱這些孩子為「惡霸」。把孩子貼

---

[1]　For example, Whitney and Smith's 1993 study in Sheffield, England—see Smith, P.K. and Sharp, S. (eds)(1994) *School Bullying: Insights and Perspectives.* London: Routledge; O'Moore's nationwide survey in the Republic of Ireland—see O'Moore, A.M., Kirkham, C. and Smith, M.(1997) 'Bullying behaviour in Irish school: a nationwide study', *Irish Fournal of Psychology*, 18(2): 141-169.

上「惡霸」標籤對事情並無幫助；以傳統的「責備－處罰」原則（通常是無效的）處罰這些孩子，對事情也毫無助益。我們提倡質疑與改變不當的行為——也就是，教孩子新的技巧、提升理解能力與解決衝突。每一個人都有能力改變自己的行為，事實上，現代的律法制度假想是以犯罪者的復健為基礎（至少部分是如此），而不是中世紀早期那種報復性的制度。千萬要注意的是，涉及霸凌、攻擊和騷擾行為的孩子，不論是攻擊者或受害者（或同時為攻擊者與受害者），都需要父母和學校教育人員的幫助和介入。本章的架構和內容，都試圖反映出這個概念。

## 二、父母為什麼如此重要

每一個負責任的父母都會關心孩子的安全和福祉；和學校的教育人員一樣，父母有責任確保自己的孩子不涉入如霸凌或騷擾等不當的行為。因此，在打擊校園裡的霸凌、攻擊行為和騷擾等問題上，父母扮演著關鍵性的角色。

很自然的，雖然有些青少年會唱反調，父母通常是一個人的態度和行為最大的單一影響來源。年輕孩子看待攻擊行為的態度，常常來自於他們在家裡看到的，以及在學校和同儕團體中看到的。因此，我們在這一章裡會談到父母如何以身作則，扮演模範角色（見下文「如果你的孩子霸凌他人該怎麼辦」）。我們也確信，家庭與學校之間良好的溝通是絕

對必要的。爲此，我們在這一章裡也會談到「與孩子的學校合作反霸凌」。

　　研究顯示，遭受霸凌的孩子比較可能向他們的父母說出自己遭受霸凌的事，而不是向學校的教育人員報告[2]。不過，爲了怕說出來情況會變得更糟等理由，許多遭受霸凌的孩子極度不願意向任何人報告自己遭受霸凌的事。這常常會使憂心的父母如墜五里霧中，不知道自己的孩子是不是真的遭受霸凌了。這表示，父母必須做一些「偵查工作」。爲了幫助父母，我們列了一些孩子遭受霸凌的「徵候和症狀」，提供給家長參考。

## 三、遭受霸凌的徵候和症狀

　　以下幾點是孩子可能遭受霸凌的徵候：

- 孩子看起來沮喪或焦慮，卻拒絕說發生了什麼事。記住，霸凌常常會被祕密包圍；霸凌他人的人可能會威脅受害者，如果他把事情說出去就會受到更嚴重的攻擊。

- 不明的傷口和瘀青。有些孩子會玩肢體接觸的運動，這類運動遊戲可能會粗魯地碰撞（尤其是年輕男孩）。不過，絕對不能忽視出現在孩子的臉、頭部、

---

2　前揭書。

和身體上的拳打腳踢的痕跡。

- **衣服、書本和學校用具莫名的損壞**。這可能是肢體霸凌的指標；有些人的霸凌方式是蓄意破壞或偷竊受害者的所有物。

- **學業退步**。孩子專注的能力和他自重的程度，與他在學校和家裡的表現息息相關，因此也關係到他的學業成就。孩子的學業突然退步，常常代表有問題存在，也許與霸凌問題相關，應該深入調查。

- **要求額外的金錢**。有些孩子會被勒索金錢、財物或甚至午餐卷。勒索者也許還會強迫他的受害人去為他偷竊（也許是商店或住家）；勒索者這麼做不僅可以得到更多錢財，同時可以在心理上「控制」受害者。

- **不願意去上學**。明顯的，遭受霸凌的孩子可能不願意面對霸凌他的人。當然，有些孩子本來就比其他人不喜歡去學校，所以突然不願意或比以前更不樂意去上學，是比較正確的指標。有些學生是在上學或放學途中遭到霸凌；因此，新的「晚到」模式也需要注意，尤其如果晚到是因為走「新的」路線上學。例如，孩子不像平常一樣坐公車去學校（他在公車上遭到霸凌），而選擇走路上學，就算走路去學校會讓他遲到。

- **情緒與行為改變**。這點可能很難確定，特別是正值青

春期的孩子，他的社交圈正快速地擴展，而日常行為愈來愈受同儕影響。不過，持續的情緒低潮可能需要留意，父母應該注意是否與霸凌問題相關。

· **降低的自信與自尊**。有許多證據顯示，一個人自尊自重的程度與他涉及霸凌行為的可能性相關。低自尊的孩子表現出來的可能是缺乏自信（特別是在社交方面）、缺乏嘗試的熱忱（特別是新事物），整體而言或是顯得保守退卻，或總是虛張聲勢。當然，有些孩子天生就比其他人安靜保守；不過，突然喪失自尊常常是孩子經歷過或正面臨壓力的症狀，父母應該深入探究。

· **抱怨頭痛和胃痛**。這些症狀可能是真實的或是想像的。如果是佯裝的，那是因為像不明確的「疼痛」這類常見症狀，也許可以讓孩子免去上學（因而免去面對他的攻擊者），又免去進一步的檢查（看家庭醫生）。不過，這些一般性的疼痛也可能是真的；如許多人所知，慢性（意即長期的）心理壓力會導致某些生理問題，如頭痛和胃痛（長期下來，就會發展為更嚴重的情況，如胃潰瘍）。

· **問題睡眠**。這也是心理壓力的症狀；表現出來的可能是晚上不願意上床睡覺（伴隨早上不願意起床），一般性的失眠（焦慮的徵候），聲稱（或有證據顯示）

受噩夢或（較罕見的）尿床、夢遊所苦。

不幸的，這並不是一張萬無一失的檢查表。出現某些症狀，或甚至出現所有的症狀，並不表示孩子一定遭受霸凌了。畢竟，孩子不願意上學可能有各種原因，而青春期的孩子面臨各式各樣的嘗試和磨練，可能會出現心理壓力的症狀，如問題睡眠、情緒改變、頭痛、胃痛等等。不過，如果這些症狀持續不斷，一個負責的父母一定會懷疑有什麼嚴重的事發生了，而進一步深入調查。

實際地說，要調查造成這些症狀的原因，就必須和孩子談一談。要孩子談發生的事並不容易，原因我們已略為談過。遭受霸凌的人可能非常不願意告訴任何人，自己正受霸凌之苦。不過，我們將在下面的段落討論，憂心的父母可以採取哪些策略，處理孩子遭受霸凌的問題。

##  第二節　如果你的孩子遭受霸凌了該怎麼辦

### 一、找出問題

發現孩子遭受霸凌，並不是容易的事。身為父母，我們既想幫助和保護自己的孩子，又害怕聽到自己的孩子遭受霸凌了。孩子遭受霸凌的消息，會讓父母陷入混亂的情緒：煩

躁、悲傷、憤怒；覺得自己沒有盡到保護孩子的責任；覺得
自己無力解決問題（如果事情發生在學校）。但身為成人，
我們必須克制這些情緒；讓我們稍感安心的是，在孩子的支
持、與孩子的學校共同合作之下，我們可以改善問題。然
而，解決問題的第一步是，弄清楚出了什麼事。

　　我們可以給父母的最好的建議是，首先，讓你自己「隨
手可得」，並且問你的孩子是不是有什麼事情困擾他。讓你
的孩子知道你就在他的身邊，這件事本身可能就很有幫助；
雖然他可能還沒準備好告訴你，但知道自己可以向你求助，
知道你關心且準備伸出援手，可以減輕孩子的痛苦讓孩子感
到安心。不斷地詢問可能會給孩子審問的感覺而不是關心
（不論多麼溫和地問），因此，在可能且適當的情況下，讓
孩子決定告訴你的時機。當然，如果孩子面臨嚴重的苦惱或
危險，可能必須更堅持。父母不應該害怕說出自己可能也有
遭受霸凌的經驗。

　　其次，父母應該準備好聆聽與交談，不過聆聽更為重
要。畢竟，我們有兩隻耳朵，卻只有一張嘴！專注的聆聽可
以讓孩子感受到我們的接納、溫暖和關懷；這對於建立自尊
而言也至關重要。如果孩子覺得自己遭受霸凌了，要承認這
個狀況。父母出於對子女的愛，當然會想要「做點什麼」。
接下來的段落，我們將談到父母可以說些什麼或做些什麼來
幫助遭受霸凌的孩子。

 **二、有問題的是攻擊者，不是受害者**

父母可以為遭受霸凌孩子做的最重要的事情之一是，向孩子保證有問題的不是他，而是霸凌他的人。這個事實對我們成人來說，似乎顯而易見；但是，我們必須記住兩個重要事實：第一，霸凌的人可能非常會操控他人；第二，各種虐待行為常見的模式是，施虐者會促使被虐待的人將問題內化。換句話說，雖然這麼坦率地說似乎會令人感到震驚，遭受霸凌的人會被迫相信，至少在某個程度上，他遭受霸凌是活該自找的。小學生也許會悲嘆，「如果我高一點／矮一點／胖一點／瘦一點／沒戴眼鏡／頭髮顏色不一樣／沒有雀斑／說別的話／擅長（填入運動／活動名稱），就不會被別人找麻煩了！」換句話說，由於霸凌的人總是會挑中有點「不一樣」的人——請注意，所謂的不一樣，也許是真實的或是想像的，許多異性戀者被當成同性戀而遭受攻擊的事實就可證明——受害者就會逐漸相信（或在遭受霸凌的過程中被迫相信）就是因為自己「不一樣」才會遭到霸凌。因此，總是因為頭髮顏色被取笑的人，會試著改變髮色；學業優異被冠上「讀書蟲」封號的人，會故意搞砸自己的成績；因為眼鏡樣式被嘲笑的人，會拿下眼鏡，因而看不到黑板。可憐的是，我們甚至聽說過，一個黑人女孩因為被白人同學嘲笑「髒兮兮的」，所以試著用清潔劑刷掉皮膚的顏色，而造成

的不只是表皮組織的傷害。

　　由此可見，孩子可能「爲了」任何事遭受霸凌。因此，霸凌行爲永遠是施暴者的錯，問題在他們身上。不過，先前提過的「內化」問題，可能因爲遭受霸凌而喪失自尊，導致問題更加嚴重。我們會在下面討論自尊這個重要議題。

## 三、不要肢體回擊

　　在過去，好意的大人總會提出忠告，被打的時候最好的回應方式就是打回去，他們的說法是「惡霸都是懦夫，如果你正面迎戰，他們就會落荒而逃」。不過，有兩個非常好的理由可以證明這個傳統的忠告是錯的，而且幾乎可以確定，如果孩子聽從忠告採取行動，會使情況變得更糟。第一個理由是，如澳洲專家Ken Rigby[3]所指出的，許多欺凌弱小的人喜歡大打一架，並不會怯戰。因此，受害者反抗攻擊他的人也許勇氣可嘉，最後的結果卻可能是被打得更慘——使遭受霸凌的情況更形嚴重。

　　第二個理由是，如前所述，許多霸凌的人非常擅於操縱學校管理制度。如果情況是遭受霸凌的孩子比霸凌他的人高

---

3　Quoted in Sullivan, K. (1990) 'Aotearoa/New Zealand', in P.K. Smith, Y. Morita, J. Junger-Tas, D. Olweus, R. and Catalano and P. Slee (eds), The Nature of School Bullying: A Cross-National Perspective. London: Routledge.

大，或爲了某個理由遭受霸凌的人情況反而比霸凌他的人要好，那麼霸凌的人也許會找他的朋友去報告學校，宣稱他是受害人——於是學校最後處罰錯人。

 ## 四、教孩子應付技巧

值得向遭受霸凌的孩子說明，霸凌的人想要的是困擾不安的反應。幽默的、沉默的或斷然的反應——意即以非攻擊的方式反抗——應該可以防止進一步的攻擊。

---

### 行動建議4.1：應付語言霸凌

| | |
|---|---|
| 參與人員 | 你（父母）、你的孩子 |
| 材料工具 | 無 |
| 方　　法 | 基本上，父母扮演的是「教練」的角色，試著訓練孩子發展出避免、防止、或應付語言霸凌的方法。有些人可能預期，這裡會運用角色扮演的方式；不過，我們的建議是，父母與孩子以合作的關係進行共同的「行動計畫」。行動計畫的概念，是要發展出孩子能夠藉以避免、防止、或應付語言霸凌的方法；由於孩子必須想像（或記起）自己遭受語言攻擊，可能因而感到相當脆弱。在進行時，父母必須儘可能保持敏感，在孩子感到困擾不安時給予支持。重要的是，我們必須考慮且必須時時記在心裡，發展應付策略的長期利益，是否勝過要求孩子去想令人不愉快且可能導致沮喪的事情所必須付出的代價。 |

**（續）行動建議4.1：應付語言霸凌**

主要的選擇有：

1. **沉默以對**。這包括：

   (1)完全避開攻擊或騷擾你的人。

   (2)看見他（們）走過來就走開（不是逃跑）。

   (3)完全忽視他（們）的辱罵——假裝你根本沒聽見。要做到完全沒有反應很難，但是可能的；在家裡練習時，甚至可以把它變成遊戲。

2. **幽默以對**。這個方法只能用於語言霸凌，包括：

   (1)想一個機智的反應（在家裡想好一些）。

   (2)表現出完全不受影響的樣子，一笑置之（很難，不過可以辦到）。記住，霸凌的人通常想看到的是困擾不安的反應；如果你不讓他們得逞，他們可能就會停止，或去找其他會給他們這種反應的人。

3. **斷然以對**。這包括：

   (1)抬頭挺胸，表現出自信的樣子，清楚而堅定地說話，保持目光接觸（永遠要看著對方的眼睛），告訴霸凌的人停止他的行為。

   (2)告訴霸凌你的人，你不在乎他們怎麼看你，他們的羞辱不會讓你困擾不安。

   (3)承認霸凌你的人認為會困擾你而說的話，例如，「我就是矮怎麼樣？我一點也不在乎」，「我戴眼鏡又怎麼樣？我覺得戴眼鏡很好看」。說到這裡，我們想起一個愛爾蘭男孩的案例（我們將叫他約翰）。他跟著父母搬遷到英格蘭，因為國籍而不斷遭到語言霸凌。約翰試圖一笑置之，或忽略別人的羞辱，但是都行不通。最後，有一天他說，「我就是愛爾蘭人又怎麼樣？我現在住在這裡，但是我以自己的國籍為榮！」語言霸凌他的人為之語塞，想不出一

**（續）行動建議4.1：應付語言霸凌**

句惡意的話來回應這個非常合理的事實陳述。

父母與孩子可以一起選擇任何一個方法，或一些方法的組合，只要適合遭受霸凌的孩子遭遇的狀況。可以讓孩子描述一個他曾經歷過的狀況，或是一個他特別害怕遭遇的狀況，然後父母和他一起決定哪一個策略可行。

請注意，在遭到嚴重的身體攻擊時，絕不能「一笑置之」，或幽默以對／斷然以對。肢體暴力是違法的，遭遇肢體攻擊一定要向學校當局報告（如果需要的話，要向校外的相關當局報告）。

 **五、自尊的重要性（第一部分）**

許多心理學與教育上的研究顯示，一個人是否涉入霸凌行為（不論是攻擊者或受害者），與他的自尊程度有相當緊密的關聯。概括而論，我們可以說遭受霸凌的學生，或是霸凌他人的學生，其自尊程度要低於未涉入霸凌行為的學生，而愈常遭受霸凌的學生，或愈常霸凌他人的學生，其自尊程度就愈低[4]。

自尊是從幼年時期開始建立的，與所謂的「正向教養」息息相關。正向的（或說建立自尊的）教養包含透過語言與

---

4　Findings draw from O'moore, A.M. and Kirkham, C. (2001) 'Self-esteem and its relationship to bullying behaviour', *Aggressive Behaviour*, 27: 269-283.

非語言表現出適當的情感與鼓勵以表達對孩子的愛與尊重，
確定家提供給孩子安全感，確定孩子不會受到忽略或任何形
式的虐待。正向教養還包含為孩子設立穩定的界限和規則。
這些限制是可以商議的，但必須以孩子最大的利益為依歸，
而不是讓孩子決定他想在什麼時候做些什麼。應該讓孩子
參與日常的種種決定，但不要讓他揹負過重的責任，並且應
該設訂實際的期望。孩子做得好就應該得到讚美；不過，記
住，讚美必須是真誠的，且符合孩子努力的程度，千萬不要
「讚美過頭」。

## 行動建議4.2：建立自尊

| | |
|---|---|
| 參與人員 | 你（父母） |
| 材料用具 | 無 |
| 方　　法 | 非常簡單，閱讀前一段關於自尊的內容，然後花幾分鐘想一想你自己被教養的經驗（當你是小孩子的時候），以及你教養孩子的經驗（你與孩子之間的關係）。你們的親子關係，有多少程度可被稱為「正向的」或「增強自尊的」教養？請想一想，有哪些實際的方法可以將前述的增強自尊策略，融入你與孩子日常的互動之中。你的教養方式能夠增強孩子的自尊嗎？如果不能，你需要做任何改變嗎？ |

 **六、報告問題**

　　當然，父母的支持對一個遭受霸凌的孩子來說是非常有幫助的，但是如果孩子是在學校遭受霸凌，父母能做的事就會有所限制。所以，在大部分的情況裡，如果不是全部的話，家庭與學校就解決霸凌問題建立聯繫，是相當有意義的。不過，要這麼做可能有些困難，而家長在向學校當局報告自己的孩子遭受霸凌之前，必須瞭解一些事情。因此，我們會特別就「與孩子的學校合作反霸凌」進行討論（見下面段落）。

 **第三節　如果你的孩子霸凌他人該怎麼辦**

 **一、讓孩子知道什麼是霸凌**

　　這裡要記住一個關鍵重點，那就是遭受霸凌的孩子通常會察覺（至少）有不愉快的事發生在自己身上，就算他不知道自己遭受霸凌了，而涉及霸凌他人的孩子，可能連自己所做的事會令受害的孩子感到不舒服都沒有發現，更別提構成霸凌了。因此，如果孩子被指控霸凌他人，卻真的無法理解自己為什麼會被如此指控，父母第一步可以和孩子討論前面

「父母必須知道些什麼」段落中的「不同類型的霸凌」，嘗試將孩子的行為（如果需要的話，將受害者所認知的、加諸在他身上的行為）歸類。

## 二、以身作則

人在幼年時期透過模仿周遭人物的行為，會學到數量大得驚人的行為模式。必須記住，孩子不僅是在父母有計畫的教導下學習（父母給予孩子各種指導和建議），也會在無形中學習——模仿父母的言行舉止（心理學家稱此為「社會學習」）。因此，孩子對於攻擊行為的看法，某個程度來說，決定於他在家中所觀察到的，也部分受到同儕團體與學校經驗影響。身為父母，你必須想一想自己在家中處理憤怒和衝突的方式，仔細思考孩子會從你身上學到什麼。

**行動建議4.3：對於攻擊行為如何以身作則**

參與人員　你（父母）

材料用具　無

方　　法　首先，閱讀並思考上一段的內容。然後，花一點時間想一想接下來的問題，並且儘可能誠實地回答。

1. 當我憤怒、懊惱或困擾的時候，我的反應是什麼？

2. 我對憤怒、懊惱或困擾的反應，如何影響其他的人？尤其是，如何影響我的孩子？

3. 我們家的孩子在憤怒、懊惱或困擾的時候，有什麼反

（續）行動建議4.3：對於攻擊行為如何以身作則

應？他們的反應是從哪裡學來的？

4. 在我們的親子關係中，對於攻擊、騷擾和暴力等行為，我的孩子接收到的是什麼樣的訊息？

5. 對於攻擊、騷擾和暴力等行為，我的孩子從其他來源（如朋友、鄰居和大眾媒體）接收到什麼樣的訊息？

6. 我的孩子對於攻擊、騷擾和暴力等行為抱持著什麼樣的價值觀和態度，而他的態度又如何表現在行為上？

這個練習的目的是要你思考，身為父母的你在面對憤怒、懊惱、困擾、攻擊、暴力和騷擾時，為你的孩子示範了什麼樣的態度和行為反應。你認為自己需要做些改變嗎？

 三、找出問題

我們先前已經提過，要讓孩子知道你就在他的身邊，要準備好聆聽與交談（見第二節「如果你的孩子遭受霸凌了該怎麼辦」段落中的「找出問題」）。當孩子被指控霸凌，我們思考可能發生什麼事的時候，只有幾個重點必須注意。首先，不論為了什麼原因，可能的情況是孩子根本沒有涉入。

其次，孩子也許涉入了，但並不知道自己的行為對受害者來說是霸凌／攻擊／騷擾。因此，面對這種狀況，需要做的是讓孩子瞭解什麼是霸凌，他的行為為什麼是霸凌，以及這種行為並不被接受與容許。

還有一個可能的情況是，孩子涉入霸凌行為，且不為

自己的行爲感到後悔。面對這種情況，必須以行爲改變爲目標，對孩子的態度提出疑問。該如何與以攻擊者身分涉入霸凌行爲的孩子交談，我們會提出一些建議。身爲父母，我們並不喜歡相信自己的孩子會做壞事。如果有一群青少年在社區中做了什麼反社會的行爲（如破壞公物），大部分的父母都會責怪其他的青少年把他們的孩子帶壞了。雖然我們努力以正向教養來影響孩子，我們的孩子有時還是會做出不該做的事。

如同霸凌行爲的受害者沒有所謂的「典型」（一眼就可以看出來，或者，閉上眼睛就可以立即浮現的模樣），霸凌行爲的攻擊者也沒有「典型」。就我們所知，霸凌行爲發生在每個社會階層、年齡與宗教的孩子之間；霸凌行爲發生在鄉間與都市，高失業與低失業地區，各級學校與各種大小班級。

不過，我們可以說，一個真正快樂的孩子是不會到處去找別人麻煩的。涉及霸凌行爲的孩子可能遇到了什麼困擾，也許在家裡或是在學校。父母分居、離婚、家庭社經狀況改變；與朋友和熟人發生衝突；對學業或社交生活感到失望；曾經遭受霸凌，卻沒有有效處理——所有這些事情都可能，有時確實會促使孩子喪失自尊，而表現出來的可能就是孩子成了霸凌事件的攻擊者。

當我們聽到自己的孩子涉入霸凌行爲，我們可能會對孩

子感到失望；我們可能會覺得自己是失敗的父母；我們可能
會對孩子的朋友，或孩子朋友的父母感到生氣，因為我們會
相信是他們帶壞了我們的孩子。這些情緒往往會導致我們表
現出憤怒；而如前面所說的，對於衝突與攻擊的反應，父母
具有示範作用，表現出憤怒正是不該做的事。就和聽到孩子
遭受霸凌的父母一樣，最好的做法是先克制自己的情緒，直
到我們找到方法介入——對孩子的態度提出疑問，改變孩子
的態度和攻擊行為，以幫助與支持我們的孩子。

 **四、自尊的重要性（第二部分）**

　　有些人或許會感到驚訝，不過根據最近的研究，霸凌行
為的攻擊者和他們的受害者一樣，自尊程度較低；事實上，
愈常霸凌他人的人，其自尊程度愈低。由此，霸凌他人可視
為一種為了得到自尊（也許是同儕認同的形式）而採取的錯
誤嘗試——因此，也許可以預期到，遭受霸凌的孩子的父母
和老師通常會說（也許這麼說是對的），霸凌的人這麼做是
因為「想炫耀」、「嫉妒」或「想得到注意」。

　　有些涉及霸凌行為的孩子，既是攻擊者又是受害者；
他有時涉及霸凌他人，有時被他人霸凌。反霸凌研究者稱此
類型的人為「欺負弱小的受害者」，而這種行為模式常見得
令人驚訝。這種行為模式，挑戰了傳統的「善惡分明」的概
念。發生霸凌問題的學生之間的關係並不一定適用二分法，

持續的攻擊者與被動的受害者。似乎有一些人（欺負弱小的受害者）會以加入迫害他人的行列，來保全自己的安全狀態。因此，不令人驚訝的，先前提過的研究發現，欺負弱小的受害者自尊程度最低——低於不霸凌他人的受害者，低於從未受霸凌的攻擊者，低於從未涉入霸凌行為的學生[5]。

我們在前面提過，父母可以如何幫助孩子建立自尊（見「自尊的重要性（第一部分）」，特別是「行動建議4.2」），那些建議也適用於孩子涉及霸凌他人的父母。如前所述，中度或高度自尊的孩子，並不太涉及霸凌行為，不會是攻擊者或受害者；因此，我們希望藉由建立自尊來讓孩子們遠離霸凌行為。

## 五、教孩子同理心

同理心是正確理解他人感受的能力；因此，同理心與只是為他人的不幸感到難過的同情心並不相同。同理心的發展程度因人而異。例如，我們知道某些人是非常好的聆聽者——當我們向他們傾訴問題或煩惱時，我們感覺到對方似乎試著要（而且成功了）瞭解與支持我們，而他並不需要真的給我們任何「意見」。我們可以說這樣的人對我們表現出了同理心，或更精確地說是同理心的關懷。這就是為什麼許多

---

5　前揭書。

心理諮商員認為，對他們的受輔者表現出同理心的關懷的能力，比其他所有的治療技能都來得重要。

這裡的關鍵重點是，如果一個人能夠對另外一個人產生同理心——或者說站在他人的立場感受——那麼，他就不太可能去霸凌這個人。有些心理學者認為「同理心是攻擊行為的解藥」。當然，鼓勵霸凌他人的人思考「如果別人霸凌你，你會有什麼感覺？」是重要的。但是，在談到這個之前，我們必須思考一些重要因素。如我們所說的，有些人比其他的人更具同理心。做為父母，當我們聽到孩子哭泣，我們的（似乎是我們自然而然的）反應是找出孩子哭的原因，然後想辦法安慰孩子。但是，這種自然而然的反應，有多少程度是「天生的」呢？這種反應不是我們從別的地方學來的嗎？也許從我們第一次養育孩子，或是從親朋好友那裡學習到的？

讓我們來比較一下孩子的反應。孩子在一開始的時候，只會對一小圈有關係的人和物表現出同理心的關懷，不過這小得驚人的圈子會隨著時間而擴大。例如，嬰幼兒晚期的孩子，可能會為了把泰迪熊推向父母而從兄弟姐妹的身上爬過去（也許會弄痛對方），且一邊淚汪汪的抱怨小熊很「傷心」，因為沒有人跟它說晚安。在剛開始上學那幾年，哭泣的孩子招來的不是關心，除非是他的朋友或兄弟姐妹，而是讓其他人覺得他有點「不一樣」、「奇怪」、或甚至

「柔弱」。孩子似乎會爲朋友或手足的眼淚感到悲傷，但不一定會爲他不認識或稍微認識的人的眼淚感到難過。這是西方文化普遍存在的事實，但這個事實所顯現的並不是孩子的過錯，而是和成人比較時孩子所擁有的限制——就像他們可能會覺得閱讀、寫作和算術很困難，而他們的父母並不覺得有那麼難一樣，他們比較不會對不認識的人產生同理心的關懷。不論如何，我們不能以爲每個孩子都擁有同理心這種能力——因此，如果要用同理心來解決孩子霸凌他人的問題，就必須教孩子同理心。那麼，父母要如何「教」孩子同理心呢？

## 行動建議4.4：教孩子同理心

| 參與人員 | 你（父母）、你的孩子 |
| --- | --- |
| 材料用具 | 無 |
| 方　　法 | 準備好和孩子討論他們的嗜好或興趣（也許父母給他們一些提示）：有些孩子的興趣是運動；有些是音樂；還有些是電腦遊戲。大部分的孩子都有最喜歡的一部電影或一系列電影，或電視節目，或者能夠討論他們在電影或電視中看到的內容。這個活動的重點就在於討論，要適時地提出問題，讓孩子把焦點放在運動員／音樂家／演員的感情和內在動機上——意即，鼓勵孩子思考討論的對象有些什麼感覺，他為什麼會做他所做的那些事。 |

　　例如，也許你的孩子喜歡足球——這樣的話，他應該會有一支最喜歡的球隊和最喜歡的球員——而且正在看一場重要的比

**（續）行動建議4.4：教孩子同理心**

賽。除非結果是平手，否則總有一隊會贏，而另一隊會輸。可以用來討論的問題如下：

1. 你認為得勝的隊長有什麼感覺？（不僅是「很好」或「很棒」，還要更深一層的答案──幫助孩子尋找詞彙表達。）

2. 如果你是得勝的隊長，要接受電視評論員的訪問，你會對球迷說些什麼？

3. 勝利的感覺如何？你最近有贏得什麼勝利嗎？如果有，是什麼時候、什麼事、感覺如何？

4. 你瞭解「勝不驕」的意思嗎？「勝不驕」重要嗎？為什麼？當有人在誇耀的時候，其他人是什麼感覺？

5. 你認為落敗的隊長有什麼感覺？（不僅是「很糟」、「糟透了」，同樣的，要更深一層的答案──再次幫助孩子尋找詞彙表達。）

6. 如果你是落敗的隊長，你可以說些什麼來鼓勵你的隊友？

7. 落敗的感覺如何？你最近有落敗過嗎？如果有，是什麼時候、什麼事、感覺如何？

8. 你瞭解「輸得優雅」的意思嗎？「輸得優雅」重要嗎？為什麼？當有人輸不起的時候，其他人是什麼感覺？

當然，這種練習可以調整為討論你的孩子所關心的社交生活的其他方面成功與失敗的感覺，重點是：

1. 必須將討論焦點放在感覺情緒上，而不是事件。

2. 必須發展討論感覺情緒的詞彙。

3. 必須討論成功與失敗兩種感覺──給孩子在心理上感受與思考這兩種感覺的機會。

## 六、教孩子尊重個別差異

　　霸凌行為的攻擊者挑中的霸凌對象，幾乎全球一致的，是在他們眼中「不一樣」（真實或想像的）的人。對青少年來說，順從同儕團體是非常重要的事，因此，在中學裡發生霸凌行為也許並不令人驚訝。儘管青春期的孩子們否認與駁斥有順從同儕團體這樣的事，但回想這段時光的成人卻承認確有其事，有時還會表現出為過去的穿著方式和想法感到些許驚訝的樣子。事實上，不論我們對於在自由開放的民主社會中個人價值的信仰是什麼，連最不傳統保守的人也覺得至少有些需要「融入」（就算「融入」的是反傳統文化的次團體的價值觀）：我們對於歸屬感有強烈的需求。社會非常有效地將此種需求傳遞給年輕孩子，也許再加上他們對於安全感的需求，所以連最年幼的孩子都喜歡和他們的朋友在一起。可悲的是，這種「內團體」陰暗的另一面，當然就是「外團體」——排斥與我們團體不合的人，有時是迫害與我們「不一樣」的人。這種傾向是如此強烈，強烈到許多涉及霸凌他人的孩子相信他們所做的事是對的；他們是以正當的手段「給他們一點教訓」或「讓他們搞清楚事情」。如果我們要對抱持這種態度的年輕人提出批評，我們必須記住的是，武裝衝突通常就是從這種「合理化」的言詞開始的。

　　我們能夠理解過程，並不表示這種行為是可以原諒的。

為了在感知差異的基礎上預防與打擊霸凌行為，需要的是對個別差異更大的包容與尊重。當然，接受個別差異有一定的限制——如侵犯他人人權的個別差異就不能接受。

## 行動建議4.5：教孩子尊重個別差異

參與人員　你（父母）、你的孩子

材料用具　無

方　　法　如行動建議4.4，這個活動是要和孩子討論他們的嗜好和興趣，或是討論他們在電影或電視節目中看到的內容，並且適切地提出一些問題。

　　這裡的重點是，要挑選一個表面上看起來孩子不會覺得和他有太多共通之處的人來討論。對孩子來說，在看朋友／同儕團體之外的人的初始階段，看一個人有什麼不一樣是比較容易的。一個典型的例子是，討論某個新聞中來自不同國家和文化的人物。不要把焦點放在政治人物和領導人身上，最好挑選一個「一般的人」。可以討論的問題如下：

1. 你和這個人有什麼共通之處？
2. 這個人和誰住在一起，住在哪一種房子裡？
3. （如果對象是成人）你認為這個人是靠什麼維生的？（如果對象是兒童或青少年）他上什麼學校，他的學校是什麼樣子？
4. 你認為這個人每天的例行工作是什麼？你每天的例行工作是什麼？如何比較這兩者？
5. 你認為這個人明天會想做什麼？他明年會有什麼願望、夢想和抱負？接下來五年呢？他對他的孩子會有什麼希望？

---

**（續）行動建議4.5：教孩子尊重個別差異**

6. 假設沒有語言障礙，你想問他什麼？你覺得他會想問你什麼？

7. 你覺得你會喜歡這個人嗎？

這個討論的整體目標是：

1. 為第一個問題「你和這個人有什麼共通之處？」，尋找一個逐漸複雜深入的答案。
2. 挑戰當我們看一個陌生人時會把焦點放在差異之處，而非共通之處的刻板模式。
3. 促銷同為人類的我們，不管外表上的差異，其實擁有比我們普遍認為的（至少在一開始）更多共通之處這個概念。

---

## 七、以正面的方式發洩精力

　　淨化，或者說釋放「被困」在身體裡（或精神上）的精力的解放作用，此一概念係源自數千年前古希臘的哲學家，過去這一百年來，心理學者也用這個概念來治療他們的當事人。當然，這個概念並非只適用於心理治療上。有些人，也許起因於他們的生物構造，確實要比其他人精力旺盛或具攻擊性，就像有些人比其他的人高或瘦一樣。因此，有些孩子發現自己闖禍是因為過剩的精力使他變得粗暴，或是他們沒有能力／沒有機會找到方法克服自己的攻擊性。所以，讓這些年輕孩子找到方法以安全和利社會的方式「發洩精力」是

非常重要的。當我們問孩子「你為什麼這麼做？」（某種反社會或違法的行為），很多人都會得到的答案是：「因為我無聊」。以這些孩子的論點來推想，如果他們不無聊，就不會發生反社會或違法的行為了。所以，讓孩子做些創造性的或正面的娛樂活動，似乎是很好的做法。

競賽型的團隊運動（如足球、橄欖球、曲棍球、手球、籃球等等）可以讓年輕孩子學習到團隊組合、規則，和互相合作、支持等利社會行為，以及如何在自我控制下釋放精力與攻擊力。個人型的運動和活動（如走路、游泳、滑雪、騎自行車和跑步等等），雖然缺乏利社會的成分，至少提供了釋放憤怒和攻擊力的機會。武術的哲理教導人們必須控制攻擊力，大部分的武藝只能做為自我防衛的最後手段。不要忘記，我們還可以透過藝術活動來表達我們的情感——繪畫、演戲、唱歌／饒舌、演奏樂器、拍攝影片等等。

玩電腦遊戲、上網、看電視和電影，這些在孩子當中非常普及的嗜好，顯而易見的，是相當被動的活動，並不能創造出讓孩子能夠安全地發洩出多餘的精力和攻擊力的狀況和條件。事實上，考慮到某些遊戲／影片／網站／電視節目具攻擊性的內容，父母也許應該限制，或必須監看孩子在進行這些活動時的情形。

## 第四節　與孩子的學校合作反霸凌

 一、向學校報告：你的孩子會想要、需要知道什麼

當父母對孩子說必須把他遭受霸凌的事向學校報告時，可能引發孩子激動的反應。孩子也許會哀求或請求父母不要說，因為如果霸凌他的人發現他們向學校報告的話，事情會變得更糟。孩子也許會說父母這麼做是「告密」，是最糟糕的行為，並且指控父母背叛了他的信任。總之，孩子可能會表現出各種激動的情緒──憤怒、驚慌、恐懼、不信任和被棄的感覺。

不論如何，有時必須否決孩子的請求，如果孩子繼續暴露在霸凌的情況中可能會身心受創的話。畢竟，在其他事情上，我們有時也必須反駁孩子的意見；做父母，不是要贏得最受歡迎比賽，而是要做符合孩子最大利益的事。當然，否決孩子的意見，冒著被孩子憤恨的危險（至少短期之內），我們必須確定我們所做的決定確實符合孩子的最大利益，我們能夠看清楚這點而孩子卻不能的唯一原因，在於我們比孩子成熟、有經驗──而不是為了盲目地回應我們身為父母必須「做點什麼」的需求。由此，我們必須確定學校會以敏感而負責任的方式處理這件事。

這些年來，打擊霸凌行為的專家不遺餘力地提倡，學校應該有一套明確的規範，明訂應該如何報告與處理學校裡的霸凌問題。令人感激的，在政府與專家學者的大力倡導下，大部分的學校都已經建立一套規範。這類規範應該明確寫出：(1)學校教育人員與管理階層如何定義與理解霸凌行為；(2)霸凌行為的控訴該如何記錄與調查；(3)霸凌行為的攻擊者會受到什麼懲處；(4)學校為霸凌行為的受害者與攻擊者建立了什麼支援系統；以及(5)學校建立了什麼政策與策略來打擊與預防霸凌行為。

做為父母，你必須得到學校的保證（因為你的孩子會想要保證），保證他們會以敏感的態度處理事件和報告；保證他們會儘可能保密；保證你的孩子會儘可能得到保護，不再遭受霸凌攻擊（特別是防止攻擊者對孩子，或向學校提出報告的孩子的父母，做出報復的舉動）。

做為父母，你應該得到學校主動告知他們的處理進度。父母必須記住的是，以敏感而周延的態度處理霸凌問題，需要花費不少時間。當我們做父母的人聽到孩子遭受霸凌的時候，大部分的情況都是孩子已經遭受霸凌好幾個月或幾年了，而一直隱忍著沒有告訴任何人。因此，我們會想要立即得到結果──「受了幾個月的苦還不夠嗎？」但是身為父母的我們要準備好耐心等待，以便讓學校儘可能有效地調查和介入。不過，我們要再重述一次，做為父母，你有權利得到

學校主動告知他們處理事件的進度，並且相信他們正在儘快的處理問題。

## 二、家長－學校共同合作反對霸凌行為

　　許多學校設有家長會或親師會，這類組織（如果尚未設立，請連絡學校和其他家長促成組織成立）的活動是公開討論各種事務，憂心的父母可以藉由這類討論會議，讓其他家長注意到霸凌、攻擊行為和騷擾等問題，並且開始採取行動。一所好的學校，會因它與當地社區的關係而茁壯。太常發生的悲劇是，教師與家長為了孩子的霸凌行為而開始互相責怪對方，最後相互對立起來。例如：「如果事情發生在學校裡面，發生在上學的時間，學校就應該想辦法處理——我們能做什麼呢？」一個家長對另一個家長說。「我們現在處理的是從外面帶進學校裡來的問題——這些孩子在家裡到底學到了什麼？」一個憤憤不平的教師對另一個教師說。

　　不斷有人倡導，在處理霸凌問題時，要視「霸凌為整個學校社區的議題」。透過家長會或親師會，父母確實可以發揮力量，影響學校處理霸凌行為的行動。學校在擬定計畫和草擬或修改政策／規範時，必須徵詢家長的意見；在被徵詢的時候，父母必須認真地看待自己的角色，讓學校注意到你所關心憂慮的問題。家長會等組織可以舉辦座談、邀請專家學者演講，可以共同舉辦或參與反霸凌的各種活動——

如「反霸凌週」等等。如果需要的話家長們可以——事實上是必須——要自己組織起來，確保他們的社區是「無霸凌」的。如果父母期望霸凌行為不再發生在校園內、在上學時間，那麼他們可以做的是確保霸凌行為不會只是被趕出校園卻進入了社區。

　　希望這一章的內容，特別是最後這個段落，有助於父母與學校攜手合作——形成堅強的同盟，共同為預防和打擊校園裡的霸凌、攻擊行為和騷擾等問題而努力。

**摘 要**

▶▶ 本章第一個段落「父母必須知道些什麼」，呈現的是不同類型的霸凌、父母為什麼如此重要，以及遭受霸凌的徵候和症狀的「檢核表」。

▶▶ 在第二段「如果你的孩子遭受霸凌了該怎麼辦」，我們給父母的建議有找出問題（在他們懷疑自己的孩子遭受霸凌的地方）；向遭受霸凌的孩子保證有問題的是攻擊者，不是受害者；不要肢體回擊的重要性；教孩子應付技巧；以及建立孩子的自尊。

▶▶ 在第三個主要段落「如果你的孩子霸凌他人該怎麼辦」，我們給父母的建議有讓孩子瞭解什麼是霸凌；以身作則的重要性；如何找出問題；自尊的重要性；教孩子同理心與尊重個別差異；以及孩子可以正面的發洩精力的方法。

▶▶ 最後一段「與孩子的學校合作反霸凌」，包含了你和你的孩子想要、需要知道的幾個重點，以及父母和學校如何合作反霸凌。

無霸凌校園
給學校、教師和家長的指導手冊

父母可參考的書目

Elliot, M. (1997) *101 Ways to Deal with Bullying: A Guide for Parents.* London: Hodder & Stoughton.

Lawson, S. (1995) *Helping Children Cope with Bullying*. London: Sheldon Press.

O'Donnell, V. (1995) *Bullying: A Resource Guide for Parents and Teachers*. Dublin: Attic Press.

# 第五章

## 所有的年輕孩子
## 都必須知道些什麼

**本章內容**

　　本章是特別為關心霸凌問題的年輕孩子所寫的，不過，我們認為每個年輕孩子都應該瞭解校園霸凌問題。當我們書寫這一章的時候，設定的讀者是大一點的孩子和十幾歲的青少年。這些是大到足以讀懂本章內容的孩子。如果你的年紀較小，請要求你的爸爸或媽媽，或任何在家裡照顧你的人，來幫助你閱讀。你還可以告訴他們，本書第四章是特別為他們所寫的。以下是我們想在這一章裡談論的幾個重點：

▸▸關於霸凌，每個年輕孩子必須知道些什麼

▸▸如果你遭受霸凌了該怎麼辦

▸▸在防止校園發生霸凌行為這件事上，你可以幫什麼忙

# 第一節　關於霸凌，

## 每個年輕孩子必須知道些什麼

 **一、什麼是霸凌**

我們怎麼知道發生的事就是霸凌呢？

- 霸凌是一種蓄意的行為。霸凌的人刻意用某種方式企圖困擾或傷害他們霸凌的人。

- 霸凌指的是單挑某個人欺負。

- 霸凌是一種重複的行為。遭受霸凌的人總是一而再、再而三地遭受欺負，有時會持續一段很長的時間。

- 遭受霸凌的人不是沒有能力就是不會保護自己。這就是霸凌如此不公平的原因之一。

- 偶爾發生的吵架事件不是霸凌。如果兩個年紀、體型和力量差不多的人，偶爾發生打架或手吵，並不是霸凌。

我們可以把這幾點整理一下，完整表達出霸凌是什麼、不是什麼：

當一個學生被另一個或一群學生挑出來欺負，這個學生

就是遭受霸凌了。遭受霸凌的學生總是一再地遭受欺負，卻沒有辦法保護自己。兩個年紀和力量差不多的人偶爾打架或爭吵，並不是霸凌。

有人認為，只有肢體受到傷害才算霸凌，但是這並不正確。在大部分的霸凌類型中，遭受霸凌的人並沒有遭受拳打腳踢，或甚至沒有被碰觸。然而，所有的霸凌類型都會傷害人的情感，這種傷害就和肢體受到傷害一樣嚴重。我們現在就來談談不同類型的霸凌。

 ## 二、不同類型的霸凌

我們把各種不同類型的霸凌一一列出來：

- **語言霸凌**。用殘酷的方式辱罵、嘲諷或取笑一個人，就是語言霸凌。這類霸凌會深深傷害人的情感。如果辱罵和嘲笑的是一個人的家庭、種族或宗教，或是一個人的外觀面貌，這種行為更形惡劣。
- **肢體霸凌**。這種霸凌包括各種推擠踢打、故意絆倒、用武器或其他物品攻擊。故意破壞遭受霸凌者的衣物或其他個人物品，也算肢體霸凌。
- **恐嚇威脅**。有時候霸凌的人會威脅他們霸凌的對象——「放學後我們會逮到你」這一類的恐嚇。
- **姿態霸凌**。姿態是一種不用語言的傳遞訊息的方式。

有些姿態具有威脅性，霸凌的人就是用這些姿態來達到威脅的目的。威脅的姿態可能是晃動拳頭，和充滿惡意的眼神。

· **勒索**。這是指向遭受霸凌的人索取金錢或個人財物。有時候，霸凌的人會強迫被害人去為他們偷竊，或破壞物品。霸凌的人還會威脅要「洩露」被他們強迫去偷竊或破壞東西的人所做的事。

· **忽視或排擠某個人**。如果某個人老是被排擠在遊戲、活動或談話之外，這也是一種霸凌。

· **試圖促使其他人討厭某個人**。在這類霸凌行為中，霸凌的人試著使他的霸凌對象不受歡迎。可能是用散播謊言、謠言或八卦的方式。霸凌的人可能還會威脅其他學生，讓他們和遭受霸凌的人保持距離──「如果你跟他說話……，下一個就輪到你」。這表示其他人會害怕被看到和遭受霸凌的人說話，結果就會讓遭受霸凌的人更加孤單寂寞。

· **塗寫傷害別人的文字**。這類行為包括傳送寫著或畫著傷害受害者內容的紙條，或在黑板上或其他公開場所塗寫羞辱的字眼。

· E **霸凌**。這是指傳送威脅或辱罵的電子郵件或簡訊，或架設網站攻擊遭受霸凌的人。

如你所見，有這麼多不同類型的霸凌。你能夠想到其他

第五章　所有的年輕孩子都必須知道些什麼

我們沒有想到的霸凌類型嗎？

## 第二節　如果你遭受霸凌了該怎麼辦

### 一、告訴成人遭受霸凌的事──這件事為什麼非常重要以及該如何做

　　如果你遭受霸凌了，而你想要這種事停止不再發生，那麼你就必須把事情告訴某個你信任的成人──一個家人、任何在家裡照顧你的人、或學校的人（某個和你互動良好的教師或職員）。告訴某個人你遭受霸凌是絕對必要的，也是全世界最困難的事情之一。所以，我們一定要把我們的想法寫出來。請你記得：

・遭受霸凌的年輕孩子需要家人和學校的幫助。沒有人能夠獨自處理遭受霸凌的問題。

・希望霸凌你的人會「自動停止」是不可能的事。如果你保持沉默，情況幾乎可以確定會變得更糟，因為霸凌你的人發現他的行為不會被察覺。

・除非告訴某個人你遭受霸凌了，否則沒有人能夠幫助你──你的家人和老師並不會讀心術。

・霸凌的人通常不會只欺負一個人。所以，挺身而出讓

某個人知道你遭受霸凌的事，不但幫了自己也幫了別人。

· 最重要的是，告訴成人你或某個人遭受霸凌了，一點錯也沒有。把事情說出來，是一種負責任的行為。

許多人害怕說出遭受霸凌的事，是因為他們認為說出來會使情況變得更糟。他們認為霸凌的人會發現是誰「告密」，一定會採取報復行動。他們認為如果說出來，一定會被罵是「告密者」。「告訴老師」會受到很大的壓力，尤其是在中學階段。告訴老師學生之間所發生的事情的人，可能會被冠上「告密者」或「爪耙子」等封號。但是，請你記住一件事：告訴老師你或某個人遭受霸凌，和「告密」是完全不同的兩回事。

為了瞭解這一點，你必須想一想「告密」是怎麼回事。「告密」是指某個人告訴大人某件事，只是為了讓另一個人有麻煩。「告密者」覺得這麼做很有趣，但這麼做並不太好。

告訴大人自己遭受霸凌的人並不是「告密者」。他說出來是因為他希望霸凌行為停止，而不是要讓某個人有麻煩。也許霸凌的人確實會有麻煩，但這不是因為有人「告密」，而是因為他先做了錯誤的行為——霸凌他人。

如果你不能確定，或害怕學校在聽到你報告遭受霸凌的事之後會有什麼反應，最好的辦法是先告訴家人。你的家人

可以先調查一下學校如何處理霸凌事件，然後再向學校提出報告。關於向學校報告霸凌事件這件事，有幾個重點是你的父母或任何照顧你的人必須知道的。這些都寫在本書第四章裡，專為父母所寫的內容中。

## 二、記住，有問題的是攻擊者，不是你

遭受霸凌最糟糕的事情之一是，遭受霸凌的人通常會被迫相信這一切都是他自己的錯。這是錯的！沒有人應該遭受霸凌——任何理由都不能做為霸凌他人的藉口，霸凌永遠是錯的！

如果我們遭受霸凌了，霸凌的人（和其他的人）會使我們相信這是我們自己的錯。這是因為霸凌行為中的嘲笑或羞辱，通常是針對遭受霸凌的人和別人不一樣的地方。某個人會被挑上，是因為霸凌的人說他哪裡不對或不一樣：

- 受害者的身高（太矮或太高）或體重（太瘦或太胖）。
- 受害者的皮膚、頭髮或眼睛的顏色。
- 受害者的宗教、信仰或國籍。
- 受害者戴眼鏡、使用助聽器或坐輪椅。
- 受害者在學業、運動、遊戲或活動方面的能力（太好或太差）。

・受害者的衣著、個人衛生或其他外表方面的問題。

・受害者的家庭、朋友或家庭生活。

你還可以想到其他的嗎？

因此，遭受霸凌的人可能會這麼想，「如果我高一點／矮一點／胖一點／瘦一點／沒戴眼鏡／髮色不一樣／沒有雀斑／說不一樣的話／比較會或比較不會（任何運動或活動），就不會被挑上了！」

但這是錯的！霸凌的人如果找不到任何不一樣的地方，他就會製造一個。許多男孩在學校遭受霸凌，是因為他們被說成是「同性戀」。「同性戀」指的是在戀愛情感上受同性吸引的人，而一些年輕孩子卻用「同性戀」來指稱他們不喜歡、或與他們的團體不合的男孩。請一定要記住，某個人是同性戀或異性戀，那都是他自己個人的事，任何人都不該因為是同性戀而遭受霸凌。事實上，霸凌的人會說某個人是「同性戀」，是因為他們找不到他任何與其他人「不一樣」的地方。這顯示，霸凌行為就是攻擊者的錯。

## 三、不要肢體回擊

許多年前，當我們的父母還是小孩子的時候，大人會教遭受霸凌的人反擊回去——肢體反擊回去。他們會這麼說：

惡霸都是懦夫，如果你反擊，他們就會落荒而逃。

不幸的，現在我們知道這麼做是不可行的。是的，惡霸是懦夫，所以他們專挑無法或不會回擊的人欺負。但是，不，他們不會逃避打架，因為惡霸通常都是喜歡打架的人。

惡霸喜歡打架，通常也擅長打架，而他們霸凌的對象是不喜歡打架的人，這表示如果你試著反擊，幾乎可以確定你一定會打輸。也就是說，如果你遭受肢體霸凌，而你試著肢體回擊，那麼有百分之九十九的機率你會被打得更慘。

就算發生奇蹟——遭受霸凌的人打贏了惡霸——事情可能會變得更糟。可能發生的情況是：

・霸凌你的人可能會說服學校，你是開始這一切麻煩的人。他可能會找他的朋友跟學校說謊，以支持他的說法。你打贏的事實，會讓學校相信你是製造問題的人。

・霸凌你的人可能會找來他的朋友，把你痛打一頓。許多人認為，他們可以找一些人來揍惡霸一頓，以解決他們遭受霸凌的問題。這麼做唯一的問題是，暴力只會引來更多的暴力。想想看：我被惡霸打了，所以我找哥哥來揍惡霸一頓。然後，惡霸找他的哥哥和朋友來把我和我哥哥揍一頓。所以我就把所有的朋友找來，痛打惡霸、他的哥哥、和他的朋友。然後，惡霸又……。你看得出來嗎？這麼下去，有三種可能性：

有人被退學；有人進醫院；有人進警察局。這麼做值得嗎？

 ## 四、如果你遭受語言霸凌該如何應付

請記住，如果你遭受肢體霸凌，一定要告訴別人。在學校，處理肢體暴力事件是校方的工作。在家裡或社區，父母有責任確保他們的孩子沒有肢體傷害其他人。如果在家裡或社區發生的肢體暴力事件夠嚴重，那麼警察就必須介入。

所以，肢體暴力是你絕對不能接受的事，你也不能試著自己處理。不過，遭受語言霸凌時，倒是有些事是你可以做的。

你必須記住，霸凌的人想要看到的是遭受霸凌的人困擾的反應。他們想看到遭受霸凌的人哭、生氣、困擾、或失去控制。當遭受霸凌的人出現這類反應時，霸凌的人和他的朋友通常就會哈哈大笑。我們認為，如果遭受霸凌的人能夠避免看起來困擾不安的樣子，就是不給霸凌的人他想要的反應。霸凌的人也許會嘗試用其他方法得到困擾不安的反應，但是如果遭受霸凌的人依然沒有任何困擾不安的樣子，那麼霸凌的人可能就會放棄而走開，或至少走開去找別人麻煩。

就算你的內心受到傷害，試著表現出鎮定的樣子是很好的做法。藉此，你傳達給霸凌的人一個訊息——「你傷害不了我！」當你遭受語言霸凌時，有四種方法可以讓你避免看

起來困擾不安：

　　主要的選擇有：

1. **沉默以對**。這包括：

    (1)完全避開霸凌或騷擾你的人。

    (2)看見霸凌你的人走過來立刻走開（不要用跑的）。

    (3)當有人在辱罵你的時候，完全不予理會——假裝你根本沒聽見。

2. **幽默以對**。有許多專業喜劇演員說，他們在學校的時候是以講笑話來讓霸凌他的人停止他們的霸凌行為。我要說的並不是遭受霸凌是開展表演事業的方法，這個事實告訴我們，有很多人是以幽默的方式來避免流露出霸凌的人想要的反應。這種方式包括：

    (1)想一個機智的回答，來回應霸凌的人試圖用來傷害你所說的話（在家裡想好一些答案，例如霸凌的人說「你真笨！」，你可以回答「笨蛋不只一個」）。

    (2)表現出不受影響的樣子，一笑置之（很難，不過可以辦到）。

3. **不論別人說什麼，都回以「多謝指教」**。這個做法有一點點奇怪，不過很有效！當有人語言霸凌我們，試圖讓我們困擾不安，最令他們意想不到的回答就是「多謝指教！」這會讓霸凌的人完全搞不清楚狀

況，但是會得到一個清楚的訊息，那就是他們傷害不了你。本書的作者之一還記得，他的一個朋友（大偉）就曾經使用這個策略。大偉要比其他的學生笨重一點，所以霸凌的人會這麼對他說，「噢，你可真肥啊」，或「別擋路，我都看不到太陽了」，或其他愚蠢的評語。當這種情況發生的時候，大偉都會回答，「是啊，多謝指教！」或「來為此歡呼吧！」霸凌的人很快就發現，他們傷不了這個人。這是因為大偉雖然內心受到傷害，但他仍然能夠表現出不受影響的樣子。

4. **斷然以對**。斷然以對的意思是，為自己挺身而出但不以暴力反抗。當人們告訴你要挺身反抗惡霸的時候，他們所說的應該是這個意思——而不是肢體反擊。這種方式是最困難的，但也是最有效的。當你被語言霸凌的時候，有一些**斷然以對**的方法：

(1)抬頭挺胸，帶著自信的表情，清楚而堅定地說話，目光直視霸凌者的眼睛，告訴他你要他停止霸凌行為。

(2)告訴霸凌你的人，你不在乎他們怎麼看你，那些羞辱你的言詞傷害不了你。

(3)告訴霸凌你的人，他以為那些會傷害你的話根本困擾不了你。例如：

a.「我就是矮，那又怎麼樣？我一點也不在乎。」

　　b.「我戴眼鏡又怎麼樣？我覺得這副眼鏡很好看。」

(4)記住有問題的是霸凌的人不是你，你可以用一種自信而平靜的方式問他們：「你有什麼問題？」

　　如果你遭受語言霸凌，在使用這些策略之前，先做些練習是很好的辦法。你可以用想像的方式進行練習，或是和朋友一起練習，最好的方法是找家人一起練習——讓你的家人閱讀一下這個部分。試著想一想霸凌的人可能會對你說的最糟的話是什麼——你最害怕聽到的話。看看你能不能對此沉默以對、幽默以對、說「多謝指教」、或斷然以對。我們認為，至少有一種方法可以應付大部分的情況！請記住，如果這些都幫不上忙，你唯一可以讓霸凌停止的方法是，告訴學校或家裡的成人。

　　最後，如果任何年輕孩子能夠想到其他應付語言霸凌的方法——特別是你自己使用過且有效的方法，而你認為可以幫助其他的年輕孩子——請寫信給我們，讓我們知道。如果你在寫信方面需要幫助，找老師或家裡的大人幫忙。我們會非常高興收到你的訊息。

 第三節　在防止校園發生霸凌行為這件事上，你可以幫什麼忙

有時候，學生會覺得他們在學校沒有多少力量。他們就是必須遵守學校的各種規定，各種由教師所訂下的規則，他們沒有辦法改變什麼。但是，在讓學校「無霸凌」這件事上，學生確實可以幫上忙！在這個段落裡，我們要談一談，學生在幫助學校防止霸凌問題上可以做些什麼。

 **一、不要霸凌他人**

這件事很簡單，在某方面來說，也是最重要的。如果你已經閱讀到這裡，我們預期你會同意霸凌是錯誤的行為。霸凌別人不是好事——這麼做既糟糕又不公平。霸凌是懦夫的行為。所以，不要霸凌他人，也不要允許你的朋友去霸凌他人。如果你看見朋友在找其他人麻煩，要他們停止這種行為。提醒他們，這種行為是多麼愚蠢而怯懦，告訴他們沒有人想和惡劣的霸凌者交朋友。

一定要記住，被排擠的人也會有遭受霸凌的感覺；孤零零的感覺一點都不好玩。所以，試著把大家納進來，而不是把誰擠出去。這麼做也許會讓你交到新朋友，而朋友是永遠

也不嫌多的。記住,對別人好就和對別人不好一樣簡單,但是對別人好要有趣多了!總之,試著用你想要別人對待你的方式去對待別人。

## 二、理解他人的感受

人有趣的事情之一是,每個人對於不同的事情會有不同的感受。另一件有趣的事是,人可以擁有非常強烈的感情。如果把這兩個事實放在一起,我們就很容易理解,某人所痛恨的事物可能正是他的朋友所喜愛的!

舉例來說,許多英國人和愛爾蘭人喜歡看足球。足球比賽和其他比賽一樣,各個球隊都有自己的死對頭:例如曼聯和利物浦,阿仙奴和熱刺,騎兵和凱爾特。每個球隊的支持者在他們所支持的球隊獲勝時會歡欣鼓舞,而且在他們球隊的死對頭輸掉比賽時也會興高采烈。所以,當競爭激烈的兩隊在場上相遇,輸贏會帶給兩隊的球迷截然不同的感受。例如,如果曼聯隊在週末的比賽打敗了利物浦隊,曼聯隊的球迷一定很期待星期一在學校見到利物浦的球迷,好取笑他們一番。而利物浦的球迷去上學時心情可能是,「噢,希望今天不會碰到太多曼聯隊的球迷——他們一定很得意」。

不過,有個有趣的情況,值得我們來想一想——如果有人對曼聯和利物浦的球迷說,足球是一種無聊的運動,看足球比賽根本是浪費時間,那麼所有的球迷都會團結起來,

反駁說足球是一種偉大的運動，足球比賽好看極了。不要忘了，在聯賽中競爭激烈的對手，會在國際比賽時成為隊友！

相同的，喜歡某種音樂的人（也許是金屬樂），不太可能想聽別人的CD，如果這些CD都是男孩樂團的音樂的話。

換句話說，每個人的感覺都不一樣。事實上，如果每個人的感覺想法都一樣的話，這個世界就會變得非常無聊乏味。雖然每個人對於不同的事情會有不同的感受，試著理解別人的感受是非常重要的。如果你不試著理解別人的感受，怎麼能夠成為別人的好朋友？如果每個人都試著理解別人的感受，我們的生活就不會發生這麼多問題了。

如果你有找人麻煩的念頭，或想加入霸凌別人的行列，想一想遭受霸凌的人有什麼感受。想一想，你喜歡這種感覺嗎？你會發現，我們希望，找人麻煩或霸凌別人不是你應該做的事。

## 三、尊重他人

如我們之前所說的，人對事情的感覺很不一樣。除此之外，人在其他方面也有很多不同之處。當我們第一次見到某個人，尤其是如果這個人是從別的地方來的，或外表看起來和我們有點不同，有時可能會覺得這個人怪怪的。但我們必須接受個人的差異，並且尊重這些差異。不過，試著在你和其他人之間尋找相似之處，而不是只看到你們之間的差異是

非常重要的。不要評判別人，也不要聽評判別人的人所說的話。記住，永遠不要因為其他人的種族、宗教、國籍、性別或外表不同，而欺負他們。

## 四、處理自己的情緒

我們發現許多年輕孩子涉及霸凌行為，以及涉及一般打架爭吵，是因為他們沒有控制自己的憤怒，或很難控制自己的憤怒。這表示，有時候年輕孩子在學校會惹出麻煩。當然，每個人偶爾都會生氣，但是當我們把怒氣出在別人身上的時候，問題就來了。有時，霸凌的人是在為家裡發生的事（例如父母吵架）或學校發生的事（例如覺得老師對他不公平）生氣。他們把所有的怒氣積在心裡，然後找一個「安全的目標」發洩──某個不會或無力反擊的人。

當然，有一些人並不會把怒氣發在別人身上，而只是積壓在心裡。這麼做可能會導致他的內心產生強烈的挫折感和憤恨，而使得他想傷害自己或甚至自殺。因此，和其他人分享你的感覺是非常重要的。

基於這些理由，我們認為年輕孩子應該學習什麼叫做憤怒，以及如何處理憤怒。讓我們來想一想以下這些問題：

- **憤怒是什麼感覺？**當我們憤怒的時候，一切都發生在我們的身體裡。我們的心跳會加速；我們的呼吸會變

得急促；我們的肌肉會緊繃；我們的胃會騷動；我們的血液會快速流動（所以我們的臉會發紅）；我們會覺得焦躁，有時（如果我們真的很生氣）會有快要「爆炸」的感覺。你可以學習辨識這些身體所發出的「警告訊號」。如果你開始感覺到憤怒，有什麼事情正在困惱著你，那麼，你就要試著讓自己冷靜下來！

· **當我們憤怒的時候，我們會做什麼？**每個人表達憤怒的方式都不太一樣，有些人可能會尖叫或吶喊；有些人可能會哭（憤怒和挫折的眼淚，而不是傷心的眼淚）；有些人可能會完全沉默不語。想一想，你憤怒的時候會怎麼做呢？

· **什麼會使我們憤怒？**我們已經談過，人們對於不同的事情會有不同的感覺。所以，不同的人會為不同的事感到憤怒，並不令人感到驚訝。挫折、困窘或恐懼等感覺，也會使人產生憤怒。想一想，什麼事會讓你感到憤怒。把這些事情列出來。如果你的憤怒會使你惹出麻煩，那麼你可以避免這些事情發生，或用別的方式來看待這些事情嗎？

· **在憤怒的時候，我們可以做些什麼？我們如何讓自己冷靜下來？**有很多不同的方法，可以應付憤怒的情緒。你必須選擇一個適合自己的方式。有些人會在內心默數到十，這麼做可以讓他們停下來，讓他們有

機會冷靜一下控制自己。有些人喜歡想想別的事——一些快樂的、和平的事，或他們喜歡做的事——好讓自己停止去想引起他憤怒的事。還有些人發現去和他們信任的人談一談自己憤怒的情緒，是很有幫助的做法，這麼做可以讓他們以安全的方式表達憤怒，而且不會傷害任何人。最後，有些人發現去打球或做些運動，可以幫助他們「發洩怒火」（這是很好的方法）。如果你有控制憤怒的問題，特別是你曾為此惹出麻煩，那麼你就必須試著從我們的建議中找出一些方法來。記住，不同的方法可以幫你應付不同的狀況。

和你的朋友、老師、家人談一談這些想法和建議，處理憤怒的方法，愈多愈好。我們愈能處理自己憤怒的情緒，就愈不會去找別人麻煩或加入霸凌他人的行列。

## 五、其他在學校可做的事

我們談了一些學生自己可以做些什麼來防止學校發生霸凌行為，其實，在學校教育人員的協助之下，還有很多事情可以做。有一些「反霸凌活動」真的很有趣。如果你想做這些活動，告訴你的老師，請他們閱讀一下這本書。

無霸凌校園

給學校、教師和家長的指導手冊

## 摘要

▶▶ 本章第一個主要部分「關於霸凌，每個年輕孩子必須知道些什麼」，我們談的是什麼是霸凌，以及不同類型的霸凌。

▶▶ 本章第二個主要部分「如果你遭受霸凌了該怎麼辦」，我們提出如果你遭受霸凌了，必須把事情告訴某個你信任的成人，要記住有問題的是霸凌的人，而不是你，並且不要肢體回擊。我們還談到了遭受語言霸凌時可以怎麼做。

▶▶ 在最後的部分「在防止校園發生霸凌行為這件事上，你可以幫什麼忙」，我們談到學生確實可以幫助創造一個「無霸凌」的校園環境──不要霸凌他人、或允許你的朋友去霸凌他人；試著理解他人的感受和尊重他人。我們也提出一些建議，讓年輕孩子思考、學習如何處理自己憤怒的情緒，並且提到在防止霸凌行為上，學生還有很多事情可以做。

**年輕孩子父母可參考的書目**

Elliot, M. (1999) *The Bully Wise Guide*. London: Hodder.

Johnson, J. (1996) *How Do I Feel about Bullies and Gangs?*

London: Aladdin Books.

Stones, R. (1998) *Don't Pick On Me: How to Handle Bullying*.

London: Piccadilly Press.

# 後　記

　　到了最後，還有什麼要說的呢？只有一句話——我們要學校社區不再有霸凌問題。做為教育領域的專業人士，做為學校社區的一份子，這將是最理想的結果，也是我們能為社會做的最實質的貢獻。

　　這只是一個幻想嗎？希望不是。身為人類，我們對於我們所生活的社會環境有一份責任。我們不能說「這件事與我們無關」。人類有選擇的能力。

　　所以，我們認為，成人必須介入所有可能的霸凌狀況。如果我們沒有做到這一點，我們究竟背棄了誰？任由霸凌行為發生而不介入，不但沒有盡到我們照顧孩子的責任，同時也喪失了一些更重要的東西。

　　許多父母和在教育界工作的人士，非常憂心傳播媒體對年輕孩子的態度和行為所產生的影響。暴力電影是否會引發暴力行為？現在的年輕孩子確實會從電影、電視、書籍、雜誌、電腦遊戲和網路中，接收到許多反社會的、贊同暴力的訊息，而不幸的，這種狀況看起來只會愈演愈烈。

　　如曼德拉在《世界暴力與衛生報告》（世界衛生組

織，2002）的前言中所說的，「我們欠我們的孩子──社會中最脆弱的公民──一個沒有暴力和恐懼的生活」。為了達成這個目標，每個人必須如曼德拉所說的，「努力不懈」地爭取一個非暴力的社會。那裡是比學校和家庭更好的開始地點呢？

如果這本書提供的具體意見和建議，能夠讓學校社區成員相互合作處理校園裡的霸凌問題，那麼我們就達到了寫這本書的目標。

在書中，我們不時鼓勵讀者和我們連絡，如果你有更多的見解和經驗，可以補充本書不足之處，請不吝賜教。這不是故作謙虛，而是我們誠摯的請求。

這本反霸凌的書就此結束，但在現實世界中，各種反霸凌的努力還在持續。


*Mona O'Moore*
*Stephen James Minton*
*Dublin, 2004*

# 附　錄

## 可複製的訓練圖表

這些可複製的訓練圖表可從以下網站下載：

英文網站：
http://www.paulchapmanpublishing.co.uk/pcp/resources/pcpresource.aspx.

中文網站：
請進五南文化事業機構網站搜尋本書〔教學資源〕

附錄A：用於學校管理人員討論／訓練的圖表

第二章

❖ 學生之間的霸凌、攻擊行為和騷擾：學校管理人員必須知道些什麼

第二章

❖ 討論主題

- ·1.什麼是校園霸凌？
- ·2.霸凌的類型
- ·3A.在校內建立有效的反霸凌政策（1）：應該思考的問題
- ·3B.在校內建立有效的反霸凌政策（2）：與學校社區商量與合作
- ·3C.在校內建立有效的反霸凌政策（3）：建立宣導、提升和評估方法
- ·4A.在校內建立有效的反霸凌策略：打擊策略（1）：詳加記載該如何報告、調查和記錄霸凌行為事件（1）
- ·4B.在校內建立有效的反霸凌策略：打擊策略（2）：詳加記載該如何報告、調查和記錄霸凌行為事件（2）
- ·4C.在校內建立有效的反霸凌策略（3）：打擊策略（3）：詳加記載該如何報告、調查和記錄霸凌行為事件（3）
- ·4D.在校內建立有效的反霸凌策略（4）：預防策略
- ·5.問與答

**第二章**

## ❖ 1. 什麼是校園霸凌

- 「……習慣性的濫用力量」（Smith and Sharp, 1994）
- 「霸凌是一個人或一群人對一個在真實情況中無法自我保護的人施以長期的暴力，不論精神上或肢體上」（Roland, 1989, in Mellor, 1999）。

**第二章**

## ❖ 2. 霸凌的類型

- 直接霸凌
  - 語言霸凌
  - 肢體霸凌
  - 姿態霸凌
  - 勒索
  - E霸凌
- 間接霸凌
- 各種霸凌類型男女學生涉入程度各有不同
- 把人貼上「惡霸」標籤對事情沒有幫助。我們提倡以「不處罰」原則，替代「責備／處罰」原則：質疑與改變不適當的行為
- 涉及霸凌、攻擊行為和騷擾的年輕孩子，不論是攻擊者或受害者（或身兼兩者），需要父母與學校教職員的幫助和介入
- 最好視霸凌問題為整個社區的議題——除了學生對學生的霸凌，還要注意教師對學生、學生對教師，以及家長對教師（及其他等等）的霸凌

## ❖ 3A. 在校內建立有效的反霸凌政策（1）

- 應該思考的問題
  - 反霸凌政策和策略由誰來負責形成和執行？
  - 我們的反霸凌政策的總體目標是什麼？
  - 我們只針對霸凌行為，或應該擴及如攻擊行為、騷擾或缺乏紀律等議題？
  - 這個政策要幫助的對象是誰？學生？教師？每一個人？
  - 在政策形成的過程中，我們要如何讓教職員、學生和家長參與？
  - 我們需要知道哪些相關的法律、課程和政策議題？

## ❖3B. 在校內建立有效的反霸凌政策（2）

- 與學校社區商量與合作
  - 為了讓人們感覺到一個政策指令是自己的，必須在制訂政策時詢問他們的意見
  - 必須安排：
    - 教室人員的在職訓練
    - 家長／社區成員的討論會
    - 學生課堂活動
  - 所有組群都必須瞭解：
    - 霸凌是什麼，以及霸凌的形式
    - 「不處罰」原則
    - 霸凌行為是整個社區的議題
    - 各種調查、記錄、打擊、和預防霸凌行為的方法
  - 注意──這些組群對於霸凌行為有不同程度的知識、信仰、感覺和憂慮

## 第二章

### ❖3C. 在校內建立有效的反霸凌政策（3）

- 建立宣導、提升和評估方法
  - 對於霸凌行為採取主動態度的學校，應該感到驕傲
  - 書面的反霸凌聲明必須：
    - 被視為一份公開的記錄
    - 永遠張貼在學校的公布欄上
    - 以學生能夠理解的語言寫成
    - 發給全部的教職員，特別是新進和約聘人員
    - 發給所有的家長，特別是「新加入」的家長
    - 發給學校社區中所有相關團體
    - 明訂評估和審查方法——至少一年做一次審查

## 第二章

### ❖4A. 在校內建立有效的反霸凌策略（1）

- 打擊策略（1）
  - 詳加記載該如何報告、調查和記錄霸凌行為事件（1）
    - 可能有巨大的社會壓力阻礙報告
    - 統合所有的反霸凌打擊策略
    - 對全體學生談話
    - 報告的要點
      - 照顧報告者的安全需求：必須保護受害者，避免他再遭受霸凌，尤其是霸凌者的報復行為
      - 表達接受報告者所說的
      - 積極聆聽，不要做詮釋，記錄下訴怨（特別是具體事件）
      - 考慮使用標準化的格式

## 第二章

### ❖4B. 在校內建立有效的反霸凌策略（2）

- 打擊策略（2）
  - 詳加記載該如何報告、調查和記錄霸凌行為事件（2）
    - 與涉及霸凌行為的人談話
      - 被視為一份公開的記錄
      - 分開訪談被指稱的攻擊者和受害者
      - 如果涉及霸凌的是一群人，那麼必須先個別訪談
      - 應該盡快展開調查
      - 與事件的目擊者談話很有幫助
      - 責問的語氣對事情沒有幫助：向被指稱的攻擊者保證，你會先聽他的說法再做決定
      - 不需要告訴被指為攻擊者的人是誰報告發生的事——只需要說，有件事引起學校的注意，而這個學校是不容許霸凌行為的

## 第二章

### ❖4C. 在校內建立有效的反霸凌策略（3）

- 打擊策略（3）
  - 詳加記載該如何報告、調查和記錄霸凌行為事件（3）
    - 調查之後，應該告知（真誠地）霸凌行為的攻擊者：
      - 他的行為明確地構成霸凌行為事件，違反了學校的反霸凌政策；
      - 他必須避免霸凌行為，避免再以相同的方式對待受害者；
      - 如果再次發生霸凌行為，就會受到反霸凌政策聲明中所明訂的條例處罰；
      - 對受害者採取任何報復行動，將會受到最嚴厲的懲處
    - 父母的角色
    - 明確規定如何處罰攻擊者
      - 考慮使用標準化的行為契約

## 第二章

### ❖ 4D. 在校內建立有效的反霸凌政策（4）

- 預防策略
  - 為涉及霸凌行為的人建立支援系統
    - 考慮使用調解、輔導、社交技能訓練、輔導室，以及：
  - 教室活動
    - 可透過教室人員的在職訓練推薦給教師
    - 可包含創意活動（美勞、戲劇、雕塑等等）、討論書和詩、計劃性的討論、「圓圈時間」、建立班級公約
    - 公開展示學生的作品
    - 學生的想法和意見應受重視
  - 同儕調解與同儕輔導，以及他們的角色

## 第二章

❖ 謝謝你們的聆聽！

❖ 有任何問題嗎？

附錄B：用於教室人員討論/訓練的圖表

## 第三章

❖ 學生之間的霸凌、攻擊行為和騷擾：教室人
員必須知道些什麼

## 第三章

❖ 討論主題

- 1.什麼是校園霸凌？
- 2.霸凌的類型
- 3.更多關鍵議題
- 4A.處理霸凌行為事件（1）：解決衝突與處理衝突
- 4B.處理霸凌行為事件（2）：為涉及霸凌行為的人建立援助策略
- 5A.預防策略（1）：對學生就霸凌行為做概括性的談話
- 5B.預防策略（2）：特別的反霸凌活動課
- 5C.預防策略（3）：跨越課程的反霸凌
- 6.問與答

---

**第三章**

---

## ❖ 1.什麼是校園霸凌

- 「……習慣性的濫用力量」（Smith and Sharp, 1994）
- 「霸凌是一個人或一群人對一個在真實情況中無法自我保護的人施以長期的暴力，不論精神上或肢體上」（Roland, 1989, in Mellor, 1999）。

---

**第三章**

---

## ❖ 2.霸凌的類型

- 直接霸凌
  - 語言霸凌
  - 肢體霸凌
  - 姿態霸凌
  - 勒索
  - E霸凌
- 間接霸凌
- 各種霸凌類型男女學生涉入程度各有不同
- 把人貼上「惡霸」標籤對事情沒有幫助。我們提倡以「不處罰」原則，替代「責備／處罰」原則：質疑與改變不適當的行為
- 涉及霸凌、攻擊行為和騷擾的年輕孩子，不論是攻擊者或受害者（或身兼兩者），需要父母與學校教職員的幫助和介入
- 最好視霸凌問題為整個社區的議題——除了學生對學生的霸凌，還要注意教師對學生、學生對教師，以及家長對教師（及其他等等）的霸凌

## 第三章

❖ 3.更多關鍵議題
- 學校的反霸凌政策
  - 明確指出：
    - 如何定義霸凌及其形式
    - 如何報告、調查與記錄霸凌行為事件
    - 如何處理霸凌行為事件，包括為涉入霸凌行為的人（攻擊者與受害者）建立援助與介入策略，以及如果需要的話，攻擊者的處罰方式
    - 學校與班級的預防策略
    - 學校管理人員、教室人員、家長、學生和其他相關人士的角色
    - 宣傳、評估和審查方法
  - 應為校內所有反霸凌工作的支柱
- 教室人員在反霸凌工作上的角色
  - 實際執行明列於學校的反霸凌政策中的做法和策略

## 第三章

❖ 4A.處理霸凌行為事件（1）
- 解決衝突與處理衝突
  - 五階段模式
    - 確認、判斷、找出問題原因、介入、評估
  - 保持客觀，被視為客觀
    - 行動之前公平地看待雙方；行動必須是公正的，是根據發生衝突的人先前的行為所做出的決定
    - 訂定基本規則與做筆記
  - 處理情緒
    - 人很少為事實爭吵，而是為他們對事情的感覺而吵
    - 注意安全感的需求、積極聆聽、提出開放式與情感層次的問題、採取同理心的立場
- 處理衝突
  - 無法達成妥協時——進入第三者仲裁協議
  - 希望是為解決衝突鋪路
- 注意——霸凌可能不涉及衝突（彼此對立／討厭／不信任），而與攻擊者想操縱、展示力量有關

## 第三章

❖ **4B.處理霸凌行為事件（2）**

- 為涉及霸凌行為的人建立援助策略
  - 提供受害者諮商／情緒輔導
    - 由適任的專業人士負責
    - 應是各種援助的一環
  - 社交技能訓練
    - 頑固的反社會攻擊者
    - 「刺激型」的受害者
    - 可由具技能的教室人員或適任的專業人士負責
  - 情緒（特別是憤怒）管理訓練
    - 「非蓄意」攻擊者，或不會控制衝動的人
    - 可由具技能的教室人員或適任的專業人士負責

## 第三章

❖ **5A.預防策略（1）**

- 對學生就霸凌行為做概括性的談話
  - 關鍵議題：
    - 什麼是霸凌，霸凌不同的形式；
    - 霸凌行為是不被容許的；
    - 我們每個人都有責任守護其他人的幸福；
    - 如果我們被霸凌了，或者我們知道某個人被霸凌了，尋求幫助最好的方法就是向學校教職員報告；
    - 激烈的報復只會讓事情變得更糟；
    - 每一個人都有權利在一個沒有霸凌和騷擾威脅的學校求學，而我們所有的人都必須盡自己的一分力量來達成這個目標。
  - 不斷重複是必要的：學校裡的孩子至少要每個學期聽到一次這樣的談話

## 第三章

❖ 5B.預防策略（2）
- 特別的反霸凌活動課
  - 概括性重點
    - 重視自尊的全班活動；每一個孩子都參與
    - 混合創意媒介與討論活動
    - 「圓圈時間」：分組活動
  - 暖身活動
  - 看影片與有組織的討論
  - 視覺藝術
    - 海報、畫圖和雕塑
  - 表演藝術
    - 音樂創作與戲劇
    - 角色扮演及其問題
  - 建立班級公約
  - 公開展示學生的創意作品

## 第三章

❖ 5C.預防策略（3）

- 跨越課程的反霸凌

  - 可以透過日常教學傳遞反霸凌訊息

  - 小學教師也許在課程安排上擁有較大程度的自由，但在中學仍然可以做到

  - 概括性忠告——認真嚴肅地看待校園霸凌行為，利用每一個機會，運用你的創意和才能，傳達出利社會和反霸凌的訊息

第三章

- ❖ 謝謝你們的聆聽！
- ❖ 有任何問題嗎？

# 附錄C：用於與家長討論的圖表

無霸凌校園
給學校、教師和家長的指導手冊

## 第四章

❖ 學生之間的霸凌、攻擊行為和騷擾：父母必須知道些什麼

## 第四章

❖ 討論主題

- 1.什麼是校園霸凌？
- 2.霸凌的類型
- 3.父母為什麼如此重要
- 4.被霸凌的徵候與症狀
- 5.如果你的孩子被霸凌了該怎麼辦
- 6.如果你的孩子霸凌他人該怎麼辦
- 7A.和孩子的學校合作反霸凌（1）：你和你的孩子會想要、需要知道什麼
- 7B.和孩子的學校合作反霸凌（2）：家長－學校共同合作反對霸凌行為
- 8.問與答

## 第四章

❖ 1.什麼是校園霸凌？
  ・霸凌是一種攻擊行為，是一個人或一群人在進行中的基礎上蓄意且習慣性地攻擊一個被挑選上的、相對而言無法防衛自己的人。年齡和肢體／社會力量差不多的人，偶爾發生打架或爭吵，不是霸凌。

## 第四章

❖ 2.霸凌的類型
  ・直接霸凌
    ・語言霸凌
    ・肢體霸凌
    ・姿態霸凌
    ・勒索
    ・E 霸凌
  ・間接霸凌
  ・各種霸凌類型男女學生涉入程度各有不同
  ・把人貼上「惡霸」標籤對事情沒有幫助。我們提倡以「不處罰」原則，替代「責備／處罰」原則：質疑與改變不適當的行為
  ・涉及霸凌、攻擊行為和騷擾的年輕孩子，不論是攻擊者或受害者（或身兼兩者），需要父母與學校教職員的幫助和介入

## 第四章

❖ 3.父母為什麼如此重要

- 父母是孩子的態度和行為最大的單一影響來源
- 每個負責任的父母都會關心孩子的安全和福祉
- 除了學校,父母有責任確保自己的孩子不涉入霸凌或騷擾其他學生的不當行為
- 研究顯示,被霸凌的孩子並不願意告訴父母或老師自己被霸凌的事。不過,當他們願意說的時候,比較可能告訴父母而不是學校老師

## 第四章

❖ 4.被霸凌的徵候與症狀

- 孩子看起來沮喪或焦慮,卻拒絕說發生了什麼事
- 不明的傷口和瘀青
- 衣服、書本和學校用具莫名的損壞
- 學業退步
- 要求額外的金錢
- 不願意去上學
- 情緒與行為改變
- 降低的自信與自尊
- 抱怨頭痛和胃痛
- 問題睡眠

*不幸的,這並不是一張萬無一失的檢查表。出現某些症狀,或甚至出現所有的症狀,並不表示孩子一定被霸凌了。不過,如果這些症狀持續不斷,父母應該進一步深入調查。*

**第四章**

❖ **5.如果你的孩子被霸凌了該怎麼辦**

- 找出問題
  - 對孩子來說,告訴父母自己被霸凌的事並不容易
  - 讓孩子知道你會在他身邊
  - 準備好聆聽與交談,但要多聽!
- 向孩子保證有問題的是霸凌的人
- 告訴孩子不要做肢體回擊!
- 教孩子應付技巧
  - 告訴孩子,霸凌的人想看到的是困擾不安的反應。幽默的、沉默的、或斷然的反應,可以防止進一步的攻擊
  - 在家裡練習應付技巧
- 自尊的重要性
  - 被霸凌的孩子很容易喪失信心,而這會影響他們的自尊。愈常被霸凌,孩子的自尊就會愈低
- 報告問題（見7A）

**第四章**

❖ **6.如果你的孩子霸凌他人該怎麼辦**

- 讓孩子知道什麼是霸凌
- 以身作則
- 找出問題
- 自尊的重要性
  - 霸凌行為的攻擊者有較低度的自尊;愈常霸凌的人,自尊程度愈低
  - 霸凌他人可視為一種為了得到自尊（也許是同儕認同的形式）而採取的錯誤嘗試
  - 有些涉及霸凌行為的孩子,既是攻擊者又是受害者（欺負弱小的受害者）——這些孩子的自尊程度最低
- 教孩子同理心
- 教孩子尊重個別差異
- 以正面的方式發洩精力

### 第四章

## ❖ 7A.和孩子的學校合作反霸凌（1）

- 你和你的孩子會想要、需要知道什麼
  - 孩子也許會哀求或請求父母不要說
  - 有時必須否決孩子的請求，但我們必須確定我們所做的決定確實符合孩子的最大利益
  - 我們必須確定學校會以敏感而負責任的方式處理這件事
    - 他們必須保證會以敏感的態度處理事件，會儘可能保密
    - 他們必須保證你的孩子會儘可能得到保護，不再遭受霸凌攻擊
    - 學校必須主動告知你他們的處理進度
  - 父母必須知道，以敏感而周延的態度處理霸凌問題，需要花費不少時間

### 第四章

## ❖ 7B.和孩子的學校合作反霸凌（2）

- 家長－學校共同合作反對霸凌行為
  - 許多學校設有家長會或親師會
  - 學校在擬定計劃和草擬或修改政策／規範時，必須徵詢家長的意見
  - 家長會等組織可以舉辦座談、邀請專家學者演講，可以共同舉辦或參與反霸凌的各種活動——如「反霸凌週」等等
  - 家長們可以，事實上是必須，如果需要的話要自己組織起來，確保他們的社區是「無霸凌」的
  - 父母與學校應該站在同一陣線——形成堅強的同盟，共同為預防和打擊校園裡的霸凌、攻擊行為和騷擾等問題而努力。

## 第四章

- ❖ 謝謝你們的聆聽！
- ❖ 有任何問題嗎？

無霸凌校園
給學校、教師和家長的指導手冊

附錄D：用於與學生討論的圖表

---

**第五章**

❖ 校園霸凌：年輕孩子必須知道些什麼

---

**第五章**

❖ 討論主題
- 1.關於霸凌，每個年輕孩子必須知道些什麼
- 2.如果你被霸凌了該怎麼辦
- 3.在防止校園發生霸凌行為這件事上，你可以幫什麼忙
- 4.問與答

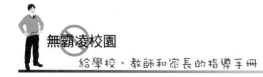

## 第五章

❖1.關於霸凌,每個年輕孩子必須知道些什麼
- 什麼是霸凌?
  - 當一個學生被另一個或一群學生挑出來欺負,這個學生就是被霸凌了。被霸凌的學生總是一再地遭受欺負,卻沒有辦法保護自己
  - 兩個年紀和力量差不多的人偶爾打架或爭吵,不是霸凌
  - 教師依校規做事,或公平地批評學生的作品,不是霸凌
- 不同類型的霸凌
  - 語言霸凌:辱罵、殘酷地取笑、嘲諷、威脅
  - 肢體霸凌:各種推擠踢打
  - 姿態霸凌:具威脅、攻擊性的姿勢和態度
  - 勒索:強索金錢、財物
  - 孤立:排擠某個人,有時以散播謊言、謠言、或八卦的方式讓其他人討厭某個人
  - E霸凌:傳送具威脅或羞辱訊息的電子郵件或簡訊
- 你可以想到其他的嗎?

## 第五章

❖2A.如果你被霸凌了該怎麼辦(1)
- 告訴成人被霸凌的事 —— 這件事為什麼非常重要以及該如何做
- 沒有人能夠幫助你,除非你告訴他們
- 藉著幫助自己,你也幫助了別人
- 告訴成人你自己或某個人被霸凌了,一點錯也沒有
  - 說出事情的人有時會被叫做「告密者」,但這是錯的
  - 如果說出某件事只是要讓某個人有麻煩,這麼做並不太好
  - 說出你或某個人被霸凌的事,和「告密」是完全不同的。你說出來是因為希望霸凌行為停止,如果霸凌的人確實會有麻煩,這是因為他先做了錯誤的行為 —— 霸凌他人。
  - 先告訴家人是很好的辦法 —— 他們可以先調查學校會如何處理霸凌事件

## 第五章

### ❖2B.如果你被霸凌了該怎麼辦（2）

- 記住，有問題的是霸凌的人，不是你
  - 霸凌的人和他的朋友非常擅長讓被他們霸凌的人相信自己有問題
  - 記住，人們會「因為」各種所謂的「理由」被霸凌，而這是霸凌的人為了霸凌他人而找的各種藉口
  - 任何理由都不能做為霸凌他人的藉口！

- 不要肢體回擊！
  - 常有大人說我們應該挺身反抗，肢體反擊霸凌的人，但這是錯的
  - 如果我們輸了：
    - 我們會被打得更慘
  - 如果我們贏了（不太可能）：
    - 霸凌的人可能會假裝他是受害者，我們就會有麻煩
    - 霸凌的人會找其他人來報復
  - 如果我們成群結隊：
    - 霸凌的人會找來比你們更多的人，然後我們再找來比他們更多的人，然後他們再找來更多更多的人……這麼下去，早晚會有人進醫院／被退學／進警局

## 第五章

### ❖2C.如果你被霸凌了該怎麼辦（3）

- 如果你遭受語言霸凌該如何應付
  - 記住，如果你遭受肢體霸凌，應該交給學校或警察處理，不過對於語言霸凌，有些事是你可以做的
  - 記住，霸凌的人想要的是困擾不安的反應
  - 如果我們可以避免困擾不安的反應，就可以為我們自己爭取到一些時間
  - 試一試這四種策略：
    - 沉默以對
    - 幽默以對
    - 不論對方說什麼，都回以「多謝指教」
    - 斷然以對——以非攻擊的方式挺身反抗

無霸凌校園
給學校、教師和家長的指導手冊

---

### 第五章

❖3A.在防止校園發生霸凌行為這件事上,你可以幫什麼忙(1)
- 不要霸凌他人!
  - 霸凌別人不是好事——這是錯的,而且是懦夫的行為
  - 不要霸凌他人,也不要允許你的朋友去霸凌他人
  - 試著把大家納進來,而不是把誰擠出去
  - 用你想要別人對待你的方式去對待別人
- 理解他人的感受
  - 每個人的感受都不同!
  - 要理解他人的感受並不容易,但很值得去做
  - 想一想——被霸凌的人有什麼感覺?
- 尊重他人
  - 想一想你和其他人有什麼共同之處,而不要只看到你們的差異
  - 不要評判別人,也不要聽評判別人的人所說的話
  - 不要因為其他人的種族、宗教、國籍、性別或外表不同,而欺負他們

---

### 第五章

❖3B.在防止校園發生霸凌行為這件事上,你可以幫什麼忙(2)
- 處理自己的情緒
  - 許多人會去霸凌別人,或惹出別的麻煩,是因為他們沒有控制自己的憤怒
  - 想一想:
    - 憤怒是什麼感覺?
    - 當我們憤怒的時候,我們會做什麼?
    - 什麼會使我們憤怒?
    - 憤怒曾經讓我們惹上麻煩嗎?
    - 在憤怒的時候,我們可以做些什麼?
    - 我們如何讓自己冷靜下來?

## 第五章

❖3C.在防止校園發生霸凌行為這件事上，你可以幫什麼忙（3）
- 其他在學校可做的事
  - 在任何課堂上、運動比賽、各種活動，以及在校外，都要公平競爭
  - 用你想要別人對待你的方式去對待別人
  - 問老師可不可以做一些反霸凌活動，或舉辦「反霸凌週」
  - 加入調解／輔導的行列，盡一份心力讓事情更好
  - 製作班級公約

## 第五章

❖ 謝謝你們的聆聽！

❖ 有任何問題嗎？

# 實用資源

這裡條列了各種實用的資源（書籍、網站、影片等等），我們相信這些有助於學校的反霸凌工作。

實用資源

# 書 籍

 學校教職員、家長、和學校社區中的其他成人可參考的書籍

Asher, S.R. and Coie, J.D. (1992) *Peer Rejection in Childhood*. Cambridge: Cambridge University Press.

Beane, A.L. (1999) *Bully Free Classroom: Over 100 Tips and Strategies for Teachers*. Minneapolis: Free Spirit.

Besag, V.E. (1994) *Bullies and Victims in Schools*. Buckingham: Open University Press.

Blagg, N. (1990) *School Phobia and its Treatment*. London: Routledge.

Blatchford, P. (1993) *Playtime in the Primary School*. London: Routledge.

Byrne, B. (1993) *Coping with Bullying in Schools*. Dublin: Columba Press.

Byrne, B. (1996) *Bullying: A Community Approach*. Dublin: Columba Press.

Cattanach, A. (1995) *Play Therapy with Abused Children*. London: Jessica Kingsley.

Cowie, H. and Wallace, P. (2000) *Peer Support in Action: From Bystanders to Standing By*. London: Sage Publications.

Dore, S. (2000) *Bullying*. NSPCC: Egmont World.

Elliot, M. (1994) *Keeping Safe: A Practical Guide to Talking with Children*. London: Coronet Books.

Elliot, M. (1996) *501 Ways to be a Good Parent*. London: Hodder & Stoughton.

Elliot, M. (1997) *101 Ways to Deal with Bullying: A Guide for Parents*. London: Hodder & Stoughton.

Elliot, M. and Shenton, G. (1999) *Bully-free: Activities to Promote Confidence and Friendship*. London: Kidscape.

Fried, S. and Fried, P. (1996) *Bullies and Victims*. New York: M. Evans.

Fried, S. and Fried, P. (2003) *Bullies, Targets and Witnesses*. New York: M. Evans.

Frude, N. and Gault, H. (1984) *Disruptive Behaviour in Schools*. New York: John Wiley.

Humphreys, T. (1993) *Self-Esteem: The Key to Your Child's Education*. Leadington, Co. Cork: T. Humphreys.

Johnston, J. (1996) *Dealing with Bullying*. New York: Rosen.

Jones, N. and Jones, E.B. (1992) *Learning to Behave*. London: Kogan Page.

La Fontaine, J. (1991) *Bullying: A Child's View*. London: Calouste Gulbenkian Foundation.

Lane, D.A. (1990) *The Impossible Child*. Stoke-on-Trent: Trentham Books.

Lee, C. (2004) *Preventing Bullying in Schools*. London: Paul Chapman Publishing.

Marr, N. and Field, T. (2001) *Bullycide: Death at Playtime*. Oxford: Success Unlimited.

McMahon, A. and Bolam, R. (1990a) *A Handbook for Primary Schools*. London: Paul Chapman Publishing.

McMahon, A. and Bolam, R (1990b). *A Handbook for Secondary Schools*. London: Paul Chapman Publishing.

Murray, M. and Keane, C. (1998) *The ABC of Bullying*. Dublin: Mercier Press.

Needle, J. (2000) *The Bully*. London: Collins Educational. (This is a play.)

Newman, D.A., Horne, A.M. and Bartolomucci, C.L. (2000) *Bully Busters: A Teacher's Manual for Helping Bullies, Victims and Bystanders*. Champaign ILL: Research Press.

Nicholas, F.M. (1992) *Coping With Conflict: A Resource Book for the Middle School Years*. Wisbech: Learning Development Aids.

Pearce, J. (1989) *Fighting, Teasing and Bullying.* Wellingborough: Thorsons.
Report of the Gulbenkian Foundation. (1995) *Children and Violence.* London: Calouste Gulbenkian Foundation.
Rigby, K. (1996) *Bullying in Schools and What to Do about It.* London: Jessica Kingsley.
Rigby, K. (2002) *New Perspectives on Bullying.* London: Jessica Kingsley.
Robinson, G. and Maines, B. (1997) *Crying for Help: The No Blame Approach to Bullying.* Bristol: Lucky Duck.
Robinson, G., Sleigh, J. and Maines, B. (1995) *No Bullying Starts Today.* Bristol: Lucky Duck.
Romain, T. (1997) *Bullies are a Pain in the Brain.* Minneapolis: Free Spirit.
Ross, C. and Ryan, A. (1990) *Can I Stay in Today, Miss?* Stoke-on-Trent: Trentham Books.
Scherer, M., Gersch, I. and Fry, L. (1992) *Meeting Disruptive Behaviour.* London: Routledge.
Smith, P.K. (ed.) (2003) *Violence in Schools: The Response in Europe.* London: Routledge-Falmer.
Smith, P.K., Morita, Y., Junger-Tas, J., Olweus, D., Catalano, R. and Slee, P. (eds) (1999) *The Nature of School Bullying: A Cross-National Perspective.* London: Routledge.
Smith, P.K. and Sharp, S. (eds) (1998) *School Bullying: Insights and Perspectives.* London: Routledge.
Smith, P.K. and Thompson, D. (1991) *Practical Approaches to Bullying.* London: David Fulton.
Sullivan, K. (2000) *The Anti-Bullying Handbook.* Oxford: Oxford University Press.
Tattum, D. and Lane, D. (eds) (1989) *Bullying in School.* Stoke-on-Trent: Trentham Books.
Thomas, P. (2000) *Stop Picking On Me: A First Look at Bullying.* New York: Barron's Educational Series.
Varma, V.P. (1991) *Truants From Life.* London: David Fulton.
Voors, W. (2000) *The Parent's Book About Bullying.* Center City, MN: Hazelden.
Warren, H. (1984) *Talking About School.* London: London Gay Teenage Group.

 ## 年輕孩子可參考的小說和詩集

Amos, J. (2001) *Bully.* Bath: Cherrytree Books.
Atwood, M. (1990) *Cat's Eye.* London: Virago Press.
Burley, W.J. (1997) *Wycliffe and the Schoolgirls.* London: Corgi.
Burnard, D. (1996) *Bullysaurus.* London: Hodder Read Alone.
Byrne, J. (1996) *The Bullybuster's Joke Book.* London: Red Fox.
Chambers, A. (1983) *The Present Takers.* London: Red Fox.
Coppard, Y. (1991) *Bully.* London: Red Fox.
Considine, J. (1993) *School Bully.* Dublin: Poolbeg Press.
Cormier, R. (1975) *The Chocolate War.* London: Fontana Lions.
Friel, M. (1993) *Charlie's Story.* Dublin: Poolbeg Press.
Gibbons, A. (1993) *Chicken.* London: Orion Children's Books.
Godden, R. (1991) *The Diddakoi.* London: Pan Macmillan.
Golding, W. (1986) *Lord of the Flies.* London: Macmillan.
Hill, S. (1981) *I'm the King of the Castle.* Harlow: Longman Group.
Hines, B. (1969) *A Kestrel for a Knave.* Harmondsworth: Penguin Books.
Hinton, N. (1988) *Buddy.* Harmondsworth: Penguin Books.
Hinton, N. (1989) *Buddy's Song.* Harmondsworth: Penguin Books.
Hughes, D. (1995) *Bully.* London: Walker Books.
Hughes, T. (1994) *Tom Brown's Schooldays.* Harmondsworth: Penguin Books.
Hunt, R. and Brychta, A. (1995) *The Bully.* Oxford: Oxford University Press.

Kemp, G. (1979) *The Turbulent Term of Tyke Tyler*. Harmondsworth: Penguin Books.
Lee, H. (1974) *To Kill a Mockingbird*. London: Pan Books.
Lee, L. (1959) *Cider with Rosie*. Harmondsworth: Penguin Books.
Leonard, H. (1979) *Home before Night*. Harmondsworth: Penguin Books.
Masters, A. (1997) *Bullies Don't Hurt*. London: Puffin Books.
McGough, R. (1985) *Sky in the Pie*. Harmondsworth: Penguin Books.
Meyer, G. and Meyer, M. (1999) *Just a Bully*. New York: Golden Books.
Needle, J. (1995) *The Bully*. London: Puffin Books.
O'Casey, S. (1963) *I Knock at the Door*. London: Pan Books.
Quirk, Y.C. (1990) *Bully*. London: Bodly Head Children's Books.
Quirk-Walsh, M. (1993) *Searching for a Friend*. Dublin: Attic Press.
Rowling, J.K. (1997) *Harry Potter and the Philosopher's Stone*. London: Bloomsbury.
Simon, F. and Church, C.J. (1999) *Hugo and the Bully Frogs*. London: David and Charles Children's Books.
Stones, R. (1991) *No More Bullying*. Essex: Happy Cat Books.
Townsend, S. (1983) *The Secret Diary of Adrian Mole Aged 13¾*. London: Methuen.
Wilson, W. (1988) *Nine O'Clock Bell: Poems About School*. London: Penguin Books.

 網 站

*Action Alliance for Children*. http://www.4children.org
*Advisory Centre for Education*. http://www.ace-ed.org.uk/bullying
*Anti-Bullying Network*. http://www.antibully.net/parents/html
*Anti-Bullying Research and Resource Centre, Trinity College Dublin*. http://www.abc.tcd.ie
*BBC Education: Bullying – a Survival Guide*. http://www.bbc.co.uk/education/archive/bu help.html
*BBC1 Schools: Bullying*. http://www.bbc.co.uk/schools/bullying
*Bullying in Schools and What to Do about It* (Dr Ken Rigby's pages). http://www.educatic unisa.edu.au/bullying
*Bullying Online*. http://www.bullying.co.uk
*Bully Online*. http://www.successunlimited.co.uk
*Bullystoppers*. http://bullystoppers.com/bullying_advice_for_parents.html
*Childline*. http://www.childline.org.uk
*Children's Legal Centre, University of Essex*. http://www.essex.ac.uk/clc
*Department for Education and Employment*. http://www.parents.dfee.gov.uk
*Department for Education and Skills: Don't Suffer in Silence*. http://www.dfes.gov.uk/bullyi parentsandindex.html
*Field Foundation, The*. http://www.thefieldfoundation.org
*Kidscape*. http://www.kidscape.org
*Moira Anderson Foundation*. http://members.aol.com/sandra7510
*National Child Protection Helpline*. http://www.nspcc.org.uk
*Parent Centre, The*. http://www.parentcentre.gov.uk
*Parentline Plus*. http://www.parentlineplus.org.uk
*Scottish Anti-Bullying Network*. http://www.antibullying.net
*Scottish Council for Research in Education*. http://www.scre.ac.uk

*Scottish Executive. Let's Stop Bullying: Advice for Parents and Families.* http://www.
scotland.gov.uk/library2/doc04/lsbp-00.html
*Suzy Lamplugh Trust.* http://www.suzylamplugh.org
*Teacherline.* http://www.teacherline.org.uk
*UK Department for Education and Employment (DfEE).* http:dfee.gov.uk/bullying/
pages/home.html
*VISYON.* http://www.visyon.org.uk
*Young Minds.* http://www.youngminds.org.uk
*Youth 2 Youth.* http://www.youth2youth.co.uk

 學校與家長可利用的套裝資源與影片

 用於政策與提升覺察的套裝資源

Besag, V. (1992) *We Don't Have Bullies Here!* 57 Manor House Road, Jesmond, Newcastle-
upon-Tyne, NE2 2LY.
Browne, K. (1995) *Bully Off: Towards a Whole New Ball Game of Relationships in Schools.*
First and Best in Education Ltd.
Foundation for Peace Studies, Aotearoa / New Zealand (1994) *Cool Schools Mediation
Programme.* Auckland: Foundation for Peace Studies.
Robinson, G., Sleigh, J. and Maines, B. (1995) *No Bullying Starts Today: An Awareness
Raising Pack.* Bristol: Lucky Duck.
Scottish Consultative Council on the Curriculum (1992) *Speak Up – An Anti-Bullying
Resource Pack.* Dundee: SCCC.
Scottish Council for Research in Education (1993) *Supporting Schools Against Bullying.*
Edinburgh: SCRE.
Slee, P. (1997) *The P.E.A.C.E. Pack: Reducing Bullying in our Schools.* Adelaide: School of
Education, Flinders University.

 套裝影片

Brown, T. (1993) *Broken Toy.* Bristol: Lucky Duck.
Brown, T., Robinson, G. and Maines, B. (1998) *But Names Will Never Hurt Me.* Bristol:
Lucky Duck.
Department of Education and Employment (2000) *Don't Suffer in Silence: An Anti-Bullying
Pack for Schools.* London: HMSO.
Robinson, G. and Maines, B. (1992) *Stamp Out Bullying.* Bristol: Lucky Duck.

影 片

*Hands on Bullying*. (1998) Tony Jewes Productions.
*The Trouble with Tom*. (1991) Central Independent Television Productions.
*Welcome to the Dollhouse*. (1995) Produced by Donna Bascom and Todd Solandz. (Feature-length movie: over 15s).

 工作場所的霸凌：

## 學校教職員與其他人可用的參考資料

 書 籍

Adams, A. and Crawford, N. (1992) *Bullying at Work*. London: Virago Press.
Clifton, J. and Serdar, H. (2000) *Bully Off: Recognising and Tackling Workplace Bullying*. Dorset: Russell House.
Einarsen, S., Hoel, H., Zapf, D. and Cooper, C.L. (2003) *Bullying and Emotional Abuse in the Workplace. International Perspectives in Research and Practise*. London: Taylor & Francis.
Evans, P. (1996) *The Verbally Abusive Relationship: How to Recognise it and How to Respond*. London: Adams.
Field, T. (1996) *Bully in Sight: How to Predict, Resist, Challenge and Combat Workplace Bullying*. Oxford: Success Unlimited.
Kelly, J. (1999) *Bully Proof: Handling Harassment at Work*. London: Aurora Books.
Kinchin, D. (1998) *Post-Traumatic Stress Disorder: The Invisible Injury*. Oxford: Success Unlimited.
Namie, G. and Namie, R. (2000) *The Bully at Work*. Naperville, ILL: Sourcebooks.
Randall, P. (1997) *Adult Bullying: Perpetrators and Victims*. London: Routledge.
Ryan, K.D. and Oestreich, D.K. (1988) *Driving Fear out of the Workplace*. San Fransisco:
Sapolsky, R.M. (1998) *Why Zebras Don't Get Ulcers: An Updated Guide to Stress, Stress-Related Diseases and Coping*. New York: Freeman.
Solomon, M. (1990) *Working with Difficult People*. London: Prentice Hall.

 期刊與報告

Brooks-Gordon, B. (1999) 'Sexual harassment in the workplace', *Journal of Occupational and Organisational Psychology*, 72 (1): 117–19.
Di Martino, V., Hoel, H. and Cooper, C.L. (2003) 'Preventing violence and harassment in the workplace', report for the European Foundation for the Improvement of Living and Working Conditions.
Einarsen, S. (1999) 'The nature and causes of bullying at work', *International Journal of*

*Manpower*, 20, 16–27.

Hoel, H., Cooper, C.L. and Faragher, B. (2001) 'The experience of bullying in Great Britain: the impact of organisation status', *European Journal of Work and Organisational Psychology*, 16: 443–66.

Leymann, H. (1996) 'The content and development of mobbing at work', *European Journal of Work and Organisational Psychology*, 5 (2): 251–75.

O'Moore, A.M., Seigne, E., McGuire, L. and Smith, M. (1998) 'Victims of workplace bullying in Ireland', *Irish Journal of Psychology*, 19 (2–3): 345–57.

O'Moore, A.M., Lynch, J. and Nic Daeid, N. (2003) 'The rates and relative risks of workplace bullying in Ireland, a country of high economic growth', *International Journal of Management and Decision Making*, 4 (1): 82–95.

Raynor, C. and Hoel, H. (1997) 'A summary review of literature relating to workplace bullying' *Journal of Community and Applied Social Psychology*, 1: 181–91.

Sheehan, M. and Barker, M. (1998) 'Bullying at work: an international perspective', *Journal of Occupational Health and Safety*, 14 (6): 587–92.

Zapf, D., Knorz, C. and Kulla, M. (1996) 'On the relationship between mobbing factors, job content, social work environment and health outcomes', *European Journal of Work and Organisational Psychology*, 5 (2): 215–37.

國家圖書館出版品預行編目資料

無霸凌校園：給學校、教師和家長的
指導手冊／Mona O'Moore,Stephen
James Minton著；李淑貞譯.
--初版.--臺北市：五南，2007[民96]
面；　公分
譯自：Dealing with Bullying in Schools
：a training manual for teachers,parents
and other professionals
ISBN 978-957-11-4396-5（平裝）
1.學校管理
527　　　　　　　　　95012385

1IQW

# 無霸凌校園
## ─給學校、教師和家長的指導手冊

作　　者 ─ Mona O'Moore,Stephen James Minton

審 定 者 ─ 李乙明

譯　　者 ─ 李淑貞

發 行 人 ─ 楊榮川

總 編 輯 ─ 龐君豪

主　　編 ─ 陳念祖

責任編輯 ─ 胡琡珮　李敏華

封面設計 ─ 童安安

出 版 者 ─ 五南圖書出版股份有限公司

地　　址：106台北市大安區和平東路二段339號4樓

電　　話：(02)2705-5066　傳　　真：(02)2706-61▯

網　　址：http://www.wunan.com.tw

電子郵件：wunan@wunan.com.tw

劃撥帳號：01068953

戶　　名：五南圖書出版股份有限公司

台中市駐區辦公室/台中市中區中山路6號

電　　話：(04)2223-0891　傳　　真：(04)2223-354▯

高雄市駐區辦公室/高雄市新興區中山一路290號

電　　話：(07)2358-702　傳　　真：(07)2350-236▯

法律顧問　元貞聯合法律事務所　張澤平律師

出版日期　2007年1月初版一刷
　　　　　　2012年1月初版五刷

定　　價　新臺幣280元